Anna in grosser Sympathie gewidmet.

Michael

Wim, Dezember 2007

PIPPERLN & PAPPERLN

MHM · AMALTHEA

MICHAEL HOROWITZ

PIPPERLN & PAPPERLN

Eine kulinarische Zeitreise
Alt-Wiener Rezepte von Spitzenköchen
Die 100 besten Wirtshäuser Wiens

MHM · AMALTHEA

Titelbild: Am Kahlenberg/Hans Götzinger
Bild erste Doppelseite: Josef Engelhart „Sofiensäle", WIEN MUSEUM

INHALT

KULINARISCHE ZEITREISE
SEITE 9

GENUSS IM BILD
SEITE 85

**15 SPITZENKÖCHE PRÄSENTIEREN
ALT-WIENER REZEPTE**
SEITE 193

**DIE 100 BESTEN
WIRTSHÄUSER WIENS**
SEITE 287

WIENER GLOSSARIUM
SEITE 305

KULINARISCHE ZEITREISE

BEISLSELIGKEIT AM BRILLANTENGRUND

Am Brillantengrund. Hier wird leidenschaftlich gegessen und getrunken, gelacht, gefeiert, geflirtet. Und hier rennt der Schmäh. In meinem Stamm-Wirtshaus. Einer Insel der guten Wiener Küche, wo Essen und Trinken noch nicht nur reine Nahrungsaufnahme ist. Wie in all den trostlosen *Imbiss-Inseln, Schnitzl-Platzln* und *Pizza-Paradiesen* rundherum, wo sich hektische Schnellesser sättigen.

Die Kirchenglocken vom Schottenfeld haben gerade 12 geschlagen. Mein Stammplatz unter der alten Esche mit den Wurzeln im Weinkeller. Oben auf der Pawlatsche gießt die alte Dame im mutig gemusterten Hauskleid ihre Topfpflanzen, die *Hawaii-Lieseln*. An der Bassena im Hof füllt das rothaarige Mäderl die Wasserschüssel ihres Hundes, eines möglicherweise etwas zu niedrig geratenen Dalmatiners. An den Tischen die letzten Handgriffe des *Herrn Herbert*, Prachtexemplar eines reschen, grantigen Wiener Obers. Einer im Aussterben befindlichen Spezies. Der jüngere Kollege, *Herr Ludwig*, ist auch schon über 60. Beide stets im Smoking, kennen – und akzeptieren – sie jede

Marotte ihrer etwas seltsamen Stammgäste. Manche von ihnen sind heute wieder hier. Der gestrenge Magistratsamtsrat i. R. hat am Tisch bei der Veranda Platz genommen. Ewiger Junggeselle. Figurprobleme. Ständig auf Diät. Isst nur gedünsteten Fisch, Kälbernes, manchmal Pute. Daneben die *Baronin* und ihr Sohn. Ein Hofrat der Polizei, bereits nördlich der 50. Gegessen wird nur, was die Frau Mama für ihn bestellt (oft Faschiertes – aber nur ohne Saft). Hinten im Eck die beiden Turniertänzer. Mit exakten Bewegungen wie beim Paso doble wird Tag für Tag eine Portion geteilt. Am liebsten Cordon Bleu mit Erdäpfelsalat. Danach gerne ein Zwetschkenknöderl.
Daneben der Musikproduzent im *Bob Dylan-Germany-Tour-T-Shirt*, der früher bei Ö 3 *durch den Äther* unsere Plattenwünsche erfüllte. Auf seinem Leiberl zwischen den Dylan-Auftrittsterminen in Leipzig (22. Oktober) und München (29. Oktober) ein kleiner Rotweinfleck. Der sympathische *Viagra-Doktor* und Gattin. Vor der Pensionierung hat er beim Pharmariesen Pfizer gearbeitet. Jetzt ist der Rauhaardackel Lebensmittelpunkt. Auch schon ein älterer Herr. Jeden Tag bekommt er hier sein in kleine Würfel geschnittenes, gebackenes Putenschnitzerl. Vor kurzem

wurde ein Internist aus den USA eingeflogen. Der Hund hat Herzprobleme. Herr Karl, der *Blumenkönig* aus der Lerchenfelder Straße am Stammtisch gegenüber der Budel. Schon etwas schwerhörig liest er täglich in aller Ruhe laut aus der BILD-Zeitung vor. Am Nebentisch der elegante, drahtige Herr Rudi, früher war er Fußballer. Salzburg, Rapid, Hercules Alicante. Stationen des Triumphes. Einmal hat er bei einem 6:2-Auswärtssieg drei Tore erzielt. Hätte nicht das *ewige Verletzungspech* einen Strich durch die Rechnung gemacht, wäre er Wunderstürmer geworden. Heute verkauft er hochpreisige Designer-Leuchten – aber Freunde und Fußballerkollegen erhalten selbstverständlich 20 bis 30% Rabatt. Sicherlich auch die blonde, hochattraktive Mittdreißigerin im Minirock. Wenn sie reinkommt, vergessen die männlichen Stammgäste für kurze Zeit Faschiertes und Filetspitzen, Haussulz und Hühnerbrust, Erdäpfelgulasch und Eierschwammerln.

Ich fühle mich wohl hier. Denn die Herrin des guten Geschmacks – die *Frau Chefin* – weiß, wie man verwöhnt. Ihre Kalbsstelze ist unvergleichlich (mit Risipisi, das Saftl separat in der Sauciere). Ihr saftiger Schweinsbraten mit dem krachenden

Krusterl. Naja, und wenn die Martini-Zeit naht: Ihre Gansln.
Ein Wahnsinn. Diese Frau kann kochen. Nicht umsonst hat sie
im legendären *Restaurant Schöner im Filmhaus* gelernt. Und
täglich den Dienst bei der *Frau Kommerzialrat* mit einem Knicks
antreten müssen.

In der Zwischenkriegszeit war hier in meinem Lieblingswirtshaus
in der Zieglergasse der Stammtisch der Wienerlieder-Komponisten. Ludwig Gruber hat im Extrazimmer zum ersten Mal am
Pianino im Eck *Es wird a Wein sein …* intoniert, Rudolf Kronegger war da, und sogar Franz Lehár. Später, in den Fünfzigerjahren, trafen sich hier feuchtfröhliche Turnierrunden wie die
Lohn-, Umsatz- und Einkommensteuer-Referenten vom nahen
Finanzamt. Manchmal war auch der strenge *Gruppenleiter* dabei.
Um auf der ersten vollautomatischen Kegelbahn Wiens für
einige Stunden bei einem Schwipserl Sorgen und Steuern
zu vergessen.

Ein Biotop am Brillantengrund. Die Bühne für ein Volksstück,
das täglich gegeben wird: Beislseligkeit. Vor Kulissen, deren
Hauptdarsteller Lebenslust ist. Auch heute noch. Wem *Pipperln
und Papperln* wichtig ist, für wen Genuss die bessere Hälfte des

Lebens ist, der weiß, warum er hier Stammgast ist. Hier schmeckt´s *wie bei der Mama.* Wer lieber Krautfleckerln als Kaviar, Topfenknödel als Trüffelsoufflé, Szegedinergulasch als Spargelschaumsüppchen isst, fühlt sich hier geborgen.

Auch wenn man Kreativität und Leichtigkeit in Verbindung mit Alt-Wiener Rezepten, phantasievolle Verarbeitung einfacher Grundprodukte und auch Avantgarde in der Küche fern aller Bodenständigkeit schätzt, hat man oft genug von kunstvollen Kreationen, die von hochgejubelten *Star-Köchen* – die heute höchstens gesellschaftlichen Status genießen – zubereitet und blasiert blickenden Kellnern serviert werden, als seien sie geweihte Göttergaben.

Haute Cuisine der Spitzenköche ja – beim Wirten ums Eck nein. Dann landen *lackierte Tauben auf Zimtsablé* im Vorstadt-Gasthaus. Oder man findet *Tatar von Fines de Claires-Austern in geschmolzener Gänsestopfleber* auf dem Tisch der Hobbyköche, die ihren Vorgesetzten bei der aufgeregten Abendeinladung beeindrucken wollen, und *Korianderreis mit Kaviar in karamellisiertem Schaum von roten Rüben* an Stehtischen bei müden Marketing-Events.

Bitte begleiten Sie mich. Auf eine kulinarische Reise. In eine Zeit, als Köche eine klare, eigene Handschrift hatten, fast nur Produkte der eigenen Region verarbeiteten und nicht versuchten, jedes zweite Rezept eines internationalen Koch-Gurus zu imitieren – ohne essentielle Dinge wie das Schmoren zu beherrschen. In eine Zeit, als man in den Küchen der Restaurants schlicht aus Einfachem etwas Gutes zubereitete – voller Demut vor den Zutaten. Als noch keine exaltierten Verrücktheiten wie *geflämmte, in Stickstoff getauchte Briochewürfel* aus High-Tech-Küchen mit mehreren Kombidämpfern Mittelpunkt mancher Konversation waren. Und als die Herren im Cottage noch nicht Stunden lang aufgeregt über *Garagenweine* wie *Le Pin* oder über den physikalisch-chemischen Prozess bei den Produkten der Molekularküche des Ferran Adrià philosophierten. Als manche späte Damen noch nicht von „Geschmacksexplosionen" wie *Passionsfrucht-Jelly mit Lavendel* oder *Bonbons von der Entenstopfleber mit Karamell und Senf-Eiscreme mit Rotkraut-Gazpacho* schwärmten ... ja, und diese *Dattelvinaigrette* neulich bei der Ordinationseröffnung in Hietzing, das *Essiggelee* beim Open House des Ringstraßenanwaltes, die *Trüffel-Totanis* im Tennisclub beim Charity-Turnier ... einfach köstlich. Oh, my Lord! Wie herrlich ist dagegen der Gedanke an Speisen, deren Ursprünglichkeit nicht manipuliert ist, der Gedanke an schlichte weiße Teller und nicht auf von Geschirr weit entfernten Gebilden inszenierte Speisen-Kreationen, bei denen das Design dominiert, ja der Gedanke an einen Schweinsbraten, der Sonntag Mittag, um halb, dreiviertel zwölf von einer begnadeten Wirtshausköchin aus dem Rohr gezogen wird. Dazu Erdäpfelknödel und Krautsalat. Guten Appetit.

Tellerfleisch.
Gollasch.
Bruckfleisch.
Beinfleisch.
Hühnersupperl.
Beefsteak in Madeirasoß.
Schweinspörkelt.
Rehragout.
Omelettes mit Champignon.
Kipfelkoch.

Torterl.
Stelzen.
Kaltes Ganserl.
Käs.
Fisch.
Hirn in Aspik.
Kalbsfrikassee.
Züngerl mit Püree.
Faschiertes.
Selchfleisch mit Kraut.
Rumpsteak mit Kohl.
Nett garniertes Butterbrot.

„Wenn nicht das bissel Essen wär …", meint Josef Weinheber am Ende seines Gedichtes „Der Phäake". Knappe 50 Zeilen als Hohelied auf das vielleicht Wichtigste im Leben des Wieners – das *gute Papperl*. Besorgt äußert sich Hugo von Hofmannsthal in einem Brief, den er an einen Freund in Italien schreibt: „Das Leben, das wir in Wien führen, ist nicht gut … Wir leben in geistiger Beziehung wie die Cocotten, die nur französischen

Salat und Gefrorenes essen." Für Stefan Zweig hingegen ist Wien „eine genießerische Stadt ... feinschmeckerisch im kulinarischen Sinn, sehr um einen guten Wein, ein herbes frisches Bier, üppige Mahlzeiten und Torten bekümmert", während Alfred Polgar feststellt, Wien sei „das fidele Grab an der Donau". Wien – Zentrum zügelloser Genüsse oder Atlantis unbekümmerter Lebensfreude?

GULASCH, GÄNSELEBER UND DAS GLÜCK DER MENSCHHEIT

Essen und Trinken nicht nur als Nahrungsaufnahme, sondern als Ausdruck der Lebenskultur, Essen und Trinken als Lustgewinn, Essen und Trinken als Synonym für Lebenslust. Immerhin galt gemeinsames Essen lange Zeit als einzige tolerierte körperliche Lust, wie der Titel eines der ältesten Kochbücher aus dem Jahre 1474 beweist: „De honesta voluptate – Von der anständigen Lust".

„Die Wiener Küche ist zu einer Insel des Genießens im Meer

der anonymen Einheitlichkeit geworden", stellt der deutsche Restaurant- und Küchenkritiker Wolfram Siebeck nach seinem ersten Wien-Besuch begeistert fest. Und reist seit damals in seinem schwarzen, mächtigen Mercedes – einem Überbleibsel aus der Wirtschaftswunder-Zeit – immer wieder nach Wien. Um gemeinsam mit seiner Frau Barbara mittags in Vorstadtlokalen geröstete Nierndln, gekochtes Rindfleisch oder Gänseleber auf getoastetem Schwarzbrot zu genießen. Und dann beim dritten, vierten Glaserl Wachauer Riesling zu Mohr im Hemd oder Mohnnudeln meint Siebeck wehmütig: „Gäbe es die Wiener Beisln überall in Europa, hätte es der konfektionierte Schund nicht so leicht."

Der Schriftsteller Friedrich Torberg meint präzise: „Essen ist meine Lieblingsspeise" und widmet dem kulinarischen Leben in seinen anekdotischen Erinnerungen an die „Tante Jolesch" ein eigenes Kapitel – einen Reiseführer in eine Welt, in der die Kunst des Kochens eine überragende Rolle spielte, der Lebensehrgeiz von Gastgeberinnen vor allem darin bestand, ihre oft mühsamen Gäste zufrieden und satt nach Hause wanken zu sehen. Ein Reiseführer voll Wehmut – in eine versunkene Welt, die nicht nur von Literaten und Lebenskünstlern, sondern auch von den Geheimnissen des Genießens geprägt war.

Torberg berichtet von den traditionellen Weihnachtsabenden, die jedes Mal „unter kolossalem Andrang" im Hause des Komikers Armin Berg stattfanden: „Eigens für diesen Abend kamen aus Brünn seine Schwestern herbeigeeilt, drei an der Zahl, von kleinem, stämmigem Wuchs und weithin berühmt für ihre Kochkunst, die sie einem gemeinsam geführten Restaurant zugute kommen ließen, einem der beliebtesten in Mährens fressfreudiger Hauptstadt. Der Volksmund nannte es – in Anlehnung an das Wiener Nobelrestaurant ‚Zu den drei Husaren' und in Ansehung der besonders ausgeprägten Gesäßpartien seiner Besitzerinnen – ‚Zu den sechs Arschbacken', und manch ein Gourmet soll um ihretwillen ernsthaft erwogen haben, nach Brünn zu übersiedeln." Bis in den frühen Morgen sorgten die umsichtigen Schwestern im Hause Berg für immer neue Köstlichkeiten, „schleppten bald einen riesigen Topf mit Erbsensuppe herbei, bald einen ebensolchen mit Gulasch, bereicherten zwischendurch das ohnehin schon überreiche Angebot mit heißen Würsteln oder kalten Platten mit kunstvoll gefüllten Eiern oder raffiniert zusammengestellten Salaten und ruheten nimmer."

In den frühen dreißiger Jahren war Friedrich Torberg einmal selbst zu einer dieser kulinarischen Orgien bei Armin Berg eingeladen. Unter den Gästen befand sich damals auch ein unvergleichliches Wiener Original: „Fritz Imhoff, der große Volksschauspieler, der das Pech gehabt hat, ein Zeitgenosse des noch größeren Hans Moser zu sein, sonst wäre er der größere gewesen. Als Fresser war er es. Jedenfalls übertraf er in dieser Eigenschaft alle damals Anwesenden einschließlich der später Eingetroffenen. Er widmete sich den Gerichten, die für einen jeweils neuen Schub von Gästen auffuhren, mit einer so raschen Herzhaftigkeit, als wäre auch er eben erst angekommen, und zwar hungrig. Um zwei Uhr früh war es soweit, dass niemand mehr weiterkonnte, wirklich nicht. Die geräumige Wohnung war vom leisen Stöhnen der Angeschlagenen erfüllt, die sich glasigen Blicks ihrer Erschöpfung hingaben und als einzige Nahrungszufuhr nur noch Mokka, Magenbitter oder Speisesoda akzeptierten. Fritz Imhoff saß mit gelockertem Kragen und ebensolchem Hosenbund schwer atmend in einer Ecke.

Der Eindruck eines groggy gegangenen Boxers wurde noch dadurch verstärkt, dass seine neben ihm stehende Frau mit einem großen, weißen Handtuch Kühlung *zufächelte*. Plötzlich öffnete sich die Tür, und aus der Küche erschienen die drei Schwestern, jede auf hocherhobenen Händen ein großes Tablett mit Gansleberbrötchen tragend. Sie glichen von ferne, sehr von ferne, weiblichen Epheben, wie sie vielleicht bei einem Gastmahl des Imperators Titus als jüdische Kriegsbeute Verwendung gefunden hatten, und sie schritten, die länglichen Tabletts mit der leckeren Last herausfordernd balancierend, unter kurzbeinigem Steißgewackel durch den Raum. Imhoff hatte die müden Augenlider über seinen Schlitzaugen nicht ohne Mühe spaltbreit geöffnet und sah, was da auf den Tisch gestellt wurde. Ein verzweifeltes Ächzen entrang sich seinem überfüllten Innern: ‚Tse', machte er. ‚Das wird ja net zum Derscheißen sein, morgen ..."

Das bestgehütete Geheimnis ihres Lebens verriet die Tante Jolesch erst auf dem Totenbett. Mit dünner Stimme beantwortete sie den neugierigen Nichten die Frage, warum ihre berühmten Krautfleckerln so gut waren und ausgerechnet für diese einfache

Speise Verwandte und Freunde von überall anreisten: „Weil ich nie genug gemacht hab ..."

Wenn in Wien die Lust zum Essen und Trinken erwacht, ist es mit anderen Leidenschaften oft vorbei. In kaum einer anderen Stadt gilt der Satz des französischen Feinschmeckers Brillat-Savarin, der sich selbst als *Professor der Gastronomie* bezeichnete, mehr als hier: „Die Entdeckung eines neuen Gerichts ist für das Glück der Menschheit wichtiger als die Entdeckung eines neuen Gestirns."

Die Wiener waren schon immer brave Esser. Während zum Beispiel vor 200 Jahren in Wien im Jahresschnitt 96.949 Schweine, 66.353 Kälber, 42.197 Rinder und 12.967 Spanferkel verspeist wurden, ist es heute fast das Zehnfache. Dazu werden jährlich zirka drei Millionen Hektoliter Bier und mehr als eine halbe Million Hektoliter Wein getrunken. Essen und Trinken hält eben „Leib und Seel´ z´samm´". Die Geschichte Wiens ist auch eine Geschichte des Genießens. Die Hauptmahlzeiten als regelmäßige und fast rituelle Kulthandlungen gehören zu den Höhepunkten des Tages. Zwischendurch muss aber auch immer Zeit für die „Zehnerjaus´n", das „Gabelfrühstück" oder eine

kleine Mehlspeis´ am Nachmittag bleiben. Hin und wieder vielleicht rasch ein „Kokosbusserl" aus der feinen, kleinen Konditorei, oder eine Schokobanane aus der Werkskantine. Beim Genießen gibt es in Wien keine sozialen Unterschiede.
„Wenn das Volk nur fressen kann! Wie s´den Speisenduft wittern, da erwacht die Esslust, und wie die erwacht, legen sich alle ihre Leidenschaften schlafen; sie haben keinen Zorn, keine Rührung, keine Wut, keinen Gram, keine Lieb`, keinen Haß, nicht einmal eine Seel´ haben s´. Nix haben s´als ein´ Appetit."
Stellt Johann Nestroy fest.
Der Wiener genießt sein Beinfleisch, Gulasch oder Rostbratl – da kann der Türke die Stadt erobern, die Pest toben, die Börse krachen, der Justizpalast brennen, die Reichsbrücke einstürzen oder der Preis für Parkscheine verdoppelt werden.
„Mir raubt nix mei´ Ruah´" als Motto des Lebens, als Maxime des Überlebens. Ob Arbeiter oder Aristokrat, Hofrat oder Wäschermädl – für ein gutes Papperl, ein anregendes Glaserl Wein muss in Wien einfach immer Zeit sein. Das war zu jeder Zeit so.

GEBACKENE MÄUSE UND ZUCKERGOSCHERLN

Schon der sechsjährige Erzherzog Franz Joseph berichtete dem Bruder Max von seiner Geburtstagsjause: „Um halb sechs Uhr, welches die Stund´ des Gutés („gouter" – Jause) war, setzten wir uns hin, und zuerst wurde Café mit einer Menge Bäckereien serviert, nachher kamen Faschingskrapfen, Gefrorenes, Mandelmilch und Bonbons von Dehne …"

Aus dem Brief des kleinen Franz Joseph erfährt man, dass in der Hofburg der kaiserliche Zuckerbäcker August Dehne die höchste Wertschätzung erfuhr, obwohl es zu dieser Zeit ein halbes Dutzend Lieferanten für delikate Cremen, üppige Torterln und phantasievolle Eiskreationen gab. Hoflieferant Dehne beherrschte die hohe Schule der Konditorkunst wie kein anderer im k. u. k. Wien. Fürstinnen ebenso wie Cocotten ließen sich seine berühmte, rosa gefärbte Vanille-Creme für ihre Soupers nach Hause liefern. Das einfache Rezept für den üppigen Genuss:
1/2 Pfund Puderzucker mit 20 Dottern und einer halben Maß Obers verrühren, Vanille hinein und in der Gefrierbüchse kaltstellen.

Sehr gerne geordert wurde von den Damen auch die „Lieblingstorte des Erbgrafen Schönborn": *In steifen Schnee von 12 Eiweiß schlägt man 20 Lot Zucker ein und rührt nach diesen 12 Lot weiße gestoßene Mandeln mit 4 Lot Mehl ein. Die Blätter langsam backen – ein rosa Kerzerl darauf.*
Hoflieferant Dehne hielt auch von Anfang an das Monopol des Verkaufs von Mehlspeisen und Erfrischungen am alten Burgtheater. Ein unterirdischer Gang führte von der 1786 im Palais Arenberg am Michaelerplatz gegründeten Conditorei direkt zum Bühneneingang vis-à-vis des Theaters. Sein in Hoflivree gekleidetes Servierpersonal – nach den Nummern auf ihren Kappen „Numeros" genannt – beherrschte mit seinen zarten Krapferln und anregenden Veilchensäften die Vorstellungen. Der Parade-„Numero" war der Zuckerbäckerlehrling Ferdinand Raimund – sein charmantes, schlagfertiges Wesen, seine schauspielerische Begabung machte ihn vor allem bei den weiblichen Besuchern des k. u. k. Hof-Burgtheaters beliebt. Schon Mitte des 19. Jahrhunderts übernahm der erste Geselle des adorierten Zuckerbäckers August Dehne das Geschäft: Christoph Demel. Bis heute eine der ersten Adressen für das

„süße Wien": die Conditorei Demel. Das Repertoire reichte von köstlichen „Dortleteln", „Zuckerkörnern" – den späteren Bonbons –, „Apfel-Frittaten" und „Omelette soufflée à la vanille" bis zum berühmten „Kaiserlichen Punch glacé". Die Zutaten des Originalrezeptes der belebenden Köstlichkeit aus dem Jahre 1860:

1 Liter Ananassirup, worin man 1 Stange Vanille ausziehen läßt, den Saft von 4 Orangen und 2 Citronen, die feine Schale einer Citrone und einer Orange, eine Prise fein gestoßener Muskatblüthe, italienische Meringue von 5 Eiweiß, 2 dez Litre Maraschino Noyaux, Kirsch und Curacao zu gleichen Theilen, 2 del Champagner.

Die Geschichte der k. u. k. Hofzuckerbäckerei Demel, ein Märchen aus Wien mit zeitweisem bitteren Beigeschmack, bildet den Stoff, aus dem die Träume sind; der Stoff, der als Grundlage für Hollywood-Drehbücher à la Lubitsch oder Stroheim dienen könnte. Die Karriere des Wieners Erich von Stroheim endete in Hollywood nicht zuletzt wegen dessen zu teuer inszenierter Fressorgien.

Als Ende des 19. Jahrhunderts das ursprüngliche Dehne-Haus am Michaelerplatz, ein schmales, elegantes Gebäude aus dem

Rokoko, zugleich mit dem alten Burgtheater abgerissen wurde, erwarb der Sohn Christoph Demels, Karl, ein großes palaisartiges Gebäude am Kohlmarkt 14. Karl Demel und sein energische Frau Maria, die Tochter des berühmten Cafetiers Griensteidl, adaptierten das Haus zu einem süßen Tempel des Genusses im Wien des neuen Prunks.

Während das Café Griensteidl am Michaelerplatz – wegen der vielen versponnenen Künstler unter den Gästen auch „Café Größenwahn" genannt – nur wenige Schritte vom Demel entfernt das Sammelbecken für Wiener Literaten wie Altenberg, Bahr, Hofmannsthal, Kraus, Salten und Schnitzler bildete, war die Conditorei Demel Treffpunkt der „Décadence".

Gleich links vom Eingang der Conditorei hielt bis zu ihrem Tode Fürstin Paulin Metternich – die vor allem für ihre Wohltätigkeitsveranstaltungen in großem Stil bekannt war – ihren Stammtisch. Von diesem aus organisierte Fürstin Paulin, Schwiegertochter des Fürsten Metternich, Theatervorstellungen, deren Reinerlös dem Ausbau von Spitälern wie der „Poliklinik" oder karitativen Aktionen des „Weißen Kreuz" zugute kam. Später verließ die „fürstliche Gewohnheitsbettlerin"

– wie sie sich selbst gerne nannte – diesen prunkvollen Rahmen und ging unter das Volk.

Im Prater fand am letzten Mai-Wochenende des Jahres 1886 aus diesem Grund das erste „Frühlingsfest" statt. „Eine wahre Völkerwanderung zog am Samstagnachmittag in den Prater", berichtet die Chronistin Theophilia Wassilko, „die Hauptallee bot einen prächtigen Anblick ..." Fast 3000 reich geschmückte Wagen nahmen am Blumenkorso teil, an die 268.000 Karten wurden verkauft – dies entsprach mehr als einem Viertel der Wiener Bevölkerung. Unter den Praterbäumen hatte die schlaue Organisatorin Paulin für das „gemeine Volk" Buschenschanken und für die feine Wiener Gesellschaft am Konstantinhügel „Champagner-Zelte" errichten lassen. Rasch erkannte die bemerkenswerte Fürstin die Lust am Genießen als mögliche Quelle zur Finanzierung karitativer Bemühungen. Und über Nacht war der Name der engagierten Adeligen in aller Munde:

´s gibt nur a Kaiserstadt,
´s gibt nur a Wien!
´s gibt nur a Fürstin,
d´ Metternich-Paulin!

In einer anderen berühmten Conditorei der k. u. k. Haupt- und Residenzstadt, dem „Gerstner" in der Kärntner Straße, verkehrten neben den bürgerlichen Damen der Wiener Gesellschaft Advokaten und Industrielle, neue Barone und Mitglieder des Opernballetts. Hier regierte die elegante Prinzipalin Betty Gerstner, die noch als alte Dame mit ihrem schnittigen Bubikopf – damals Tituskopf genannt – Furore machte. Auch die Innenausstattung war moderner als beim „Demel". Der geräumige Salon in den Farben Weiß, Gold und Kirschrot mit den bequemen Lehnsesselchen lud zu köstlichen Baisers und Brioches, Meringues und Echaudés. Frau Betty führte als erste in einer Conditorei kleine, pikante Canapés ein. So traf man sich hier auf der Kärntner Straße schon vormittags bei einem Aperitif zum entspannten Plauscherl.

Am Wochenende fuhren die Kavaliere, begleitet von ihren Naschkatzen, gerne mit dem Fiaker, der „Porzellanfuhre", hinaus in den Wienerwald. Ein großes Abenteuer, eine kleine Weltreise, wenn man an den Ausspruch Metternichs „Bei der Landstraße beginnt Asien" denkt. Man ließ sich in die romantische Einsiedelei an der Mauer des kaiserlichen Lainzer Tierparks, wo man während der Jause grunzende Wildschweine beobachten konnte, ins verschwiegene „Laudon" in der Weidlingau oder zum „Stelzer" in Rodaun, eine Art Sacher im Grünen, kutschieren. Oder nach Breitenfurt, ins Wirtshaus zum „Roten Stadl". Hier gab es neben Buchteln und Cremeschnitten, gebackenen Mäusen und Marmorguglhupf den besten Millirahmstrudel von Wien und Umgebung. Als der Publizist Ferdinand Kürnberger gefragt wurde, ob denn „die Mehlspeis´ schon ang´schafft" sei, antwortete er – erdrückt vom Anblick der üppigen Süßigkeiten an allen Tischen ringsum: „Als Mehlspeise werde ich einen Hecht mit Sardellen nehmen!"

FRÖHLICHES APOKALYPSERL

„Der Wiener Wald, Schwinds Märchenwald, Schuberts Felder, über denen er der Lerche im Ätherblau gelauscht hatte. Beethovens Nußdorfer Gelände, wo die Weinrebe auf südlichsonnigem Hange reifte und der kirchengekrönte Leopoldsberg steil und selbstherrlich aufstieg aus dem Strom; neben ihm der

Kahlenberg, aus dem man im Weltrausch der Weltausstellung einen kleinen Rigi machen wollte mit einer Zahnradbahn, die wie aus einer Spielzeugschachtel schläfrig sich durch die Rebenbestände schlängelte ... Die Menschen wandern mit glänzenden Augen, oft planlos, sich selig die Natur einverleibend, ihre Seele weitend. Sie gehen Hand in Hand. Denn immer sucht die Liebe in Wien das Grüne. Unzählige Liebespaare hat der Wiener Wald gesehen; unzählige Schwüre gehört und Küsse gezählt, oder vielmehr nicht gezählt; denn er schloß davor diskret und lächelnd die Augen ... Das herrliche Dach des Himmels spannt sich über alle, über arm und reich, in gleicher Weise ... Platz und Glück für alle, das Paradies scheint aufgetan ..." Ann Tizia Leitich in „Verklungenes Wien" über den Wienerwald.

An seinen sanften Hügeln, dem „die Seele weitenden Paradies", liegt der Ursprung der Geschichte von Wien und dem Wein – dem in Wienerliedern zum Mythos erhobenen Animateur (*Das is a Wein, mit dem bin ich per du, ich schenk ihn ein und er – er lacht mir zu*), aber auch Verbündeten (*I' spar mei' Geld für ihn allein, für mein treuen Freund, den Wein*) und Trostspender (*Glücklich ist, wer vergisst, was nicht mehr zu ändern ist*).

Beim Heurigen, für Hermann Broch ein ständiges „fröhliches Apokalypserl", an den sonnendurchfluteten Nussberghängen oder unter schweren, nächtlichen Kastanien-Kronen, dem Glitzern der Sterne hoch über dem *goldenen Wien* mit den von Windlichtern spärlich erhellten Holztischen oder in den kühlen Gewölben der Kellergassen hat der Wiener schon immer Trost gefunden. Labsal für Körper und Seele. Ein kleines Schwipserl oder ein richtiges Räuscherl lässt einen, vom Quartett der Brüder Schrammel beherzt begleitet, denn auch spät in der Nacht schon einmal den Refrain: *Ja, ja, der Wein is´ guat, i brauch´ kann neuchen Huat* anstimmen.

Funde bezeugen, dass es keltischen Weinbau schon vor den Römern gab, Kaiser Marcus Aurelius Probus wird zugeschrieben, mit seinen Legionären die ersten „argitis vinor"-Reben aus dem sonnigen Italien in das sanfthügelige Gelände rund um Vindobona verpflanzt zu haben. Die älteste datierte „Weinbauordnung" stammt jedenfalls aus dem Jahre 1352. Einige Jahre später wurde die im Stadtrecht vorgesehene Geldstrafe für den Import ungarischer und italienischer Weine, zum Schutze der eigenen Produktion, verdoppelt. Schon bald wurde der Weinbau zur wichtigsten Erwerbsquelle der Wiener. Papst Pius II. wunderte sich jedenfalls über den Weinkonsum in Wien. Pro Mahlzeit rechnete man mit drei Litern Wein. Als die Ernte 1456 elenden Rebensaft bescherte, schüttete man Hektoliter des *Gesöffs* auf die Straße. Kirchenvertreter ordneten an, diese *Gabe Gottes* beim Mörtelrühren für den Bau des Turms am Stephansdom zu verwenden. Urkundlich ist 1499 vermerkt, dass „viele starben, weil sie sich zu Tode gesoffen hatten". Kaiser Ferdinand I. bezeichnete später Wein jedenfalls als die *erste Nahrung* der Stadt.

Weingärten wurden zu wertvollem Besitz, rigoros wurden die Trauben geschützt: Wer drei Weinbeeren abriss, wurde als „schändlicher Mann" behandelt, „… nimmt aber einer eins oder zwei, so gehet es umb die ohren". Immer wenn die Zeit der Lese näher kam, wurden „Hüter" bestellt. Sie errichteten zu Beginn ihres Amtsantritts die „Huetsäule". Von diesem Augenblick an durfte niemand mehr während der 40 Tage dauernden Lese den Weingarten betreten. Und sobald ein Hüter einen Traubendiebstahl nicht anzeigte, wurde er gnadenlos an den Pranger gestellt.

Von Beginn des 15. Jahrhunderts an genossen die Wiener Weinbauern erstmals das Recht, ihren auf eigenem Boden gewonnenen Wein auch selbst zu verkaufen. Allerdings nur vor dem Haus. Die ersten Weinschenken Wiens als Vorläufer der späteren Buschenschanken, in denen es laut Josephinischer Zirkularverordnung Kaiser Josephs II. (1784) erlaubt war, den Winzern, ihre Eigenprodukte „unter dem Buschen, zu welchem Preise er will", zu bestimmten, aber begrenzten Zeiten auszuschenken. Der „Heurige" war geboren.

STERNDERLN, SCHRAMMELN & STRAWANZER

Vorerst wurde der Heurige nur vom niederen Volk besucht. Mit Körben voll kalten Schnitzeln und Erdäpfelsalat, Grammeln und Gurkerln, hart gekochten Eiern und Radieschen ausgestattet, hatte man sich in die Täler von Pötzleinsdorf und Neustift, Sievering und Grinzing bis hinunter zu dem schon an der Donau liegenden Nussdorf außerhalb der Stadtmauern aufgemacht, um sich die schicksalhafte Frage „Wer hat ausg´steckt?"

zu stellen und nach der Wahl des Lokals beim *besten Freunderl, dem Wein* ein Zipferl Glückseligkeit zu erhaschen.
Generationen von Sängern und Musikanten, wie die dämonische Antonie Mansfeld, *der alte Drahrer* Guschlbauer und die Brüder Schrammel, erörtern zu später Stunde auf Wunsch der Gäste immer wieder wesentliche Dinge wie *Warum gibt's im Himmel kan heurigen Wein*, ehe man spät nachts ein letztes Mal *Wien is a Sternderl vom Himmel* intoniert und in bacchantischer Verbrüderung alle gemeinsam

Zehn Schilling für d'Schrammeln
Und morgen eß m'r Grammeln

singen.
Auch wenn heute die vielgepriesene *Weana G'miatlichkeit* oft vergeblich gesucht wird, auch wenn Stelzen, Saumaisen und Surschnitzel beim Heurigen manchmal mehr als in Wirtshäusern der Innenstadt kosten und Original-Schrammel-Musik kaum mehr zu finden ist, denkt man weiterhin gerne an die Stimmung aus früheren Tagen, als der Wein Partner zum Philosophieren

war. In Liedern wie *Erst wann's aus wird sein!* von Franz Prager und Hans von Frankowski ...

Erst wann's aus wird sein,
mit aner Musi und mit`n Wein,
dann pack' ma
die sieb'n Zwetschk'n ein,
eh'nder net!
Wann der Wein verdirbt,
und wenn amol die Musi stirbt,
in die mir Weana so verliabt
is's a Gfrett.

So lang im Glaserl no
A Tröpferl drinn'is,
So lang a Geig'n no voll Melodien is'
Und so lang' als no
A tulli g'stelltes Maderl da
Da sag'n ma immer no: „Halt ja"
Und fahr'n net a'!

Früh erfahre ich als Bub diesen Lebensstil. Schon als Sechs-, Siebenjährigen nehmen mich meine Eltern zum Heurigen mit. Meist zum „Martinkowitsch" in der Sieveringer Straße, in wenigen Minuten von unserer Gemeindebauwohnung in der Daringergasse erreichbar. Hier wird Wirtschaftswunder nach Wiener Art geboten: Blunzn-Radln und faschierte Laberln, Grammeln, g´selchtes Züngerl und gebackene Hühnerleber. Wein aus dem schmiedeeisernen Weinheber, vom Herrn Chef persönlich angesetzter Nussschnaps zur Verdauung und als Drüberstrahrer ein Glaserl Himbeerbowle. Die Schrammeln gehen von Tisch zu Tisch. Es erklingen hübsche Wiener Weisen wie *Das Glück is a Vogerl*. Nach dem dritten, vierten Vierterl singen dann die Mutigen mit. Ein dicker, schwitzender Mann in kurzer Lederhose mit der langen blauen Schürze bietet an den von Windlichtern zart erhellten Holztischen seine süßen Spezialitäten an: Weinbeißer, Krachmandeln und mit Bitterschokolade überzogene Früchte.

Jeden Sonntag verstaut meine Mutter in der Aludose mit den Frischhaltelückerln an den Ecken reichlich Proviant: hart gekochte Eier, Wachauerlaberln, Paradeiser, je einen Bund

Radieschen und Frühlingszwiebeln, eine kleine Stange Wiesbauer-Dauerwurst, mit Brimsen abgemachten Liptauer, Edamer und Emmentaler, schon in Würfel geschnitten. Und dann geht's am frühen Nachmittag – leider zu Fuß – hinauf zum „Winter" am Kaasgraben. Die urige Buschenschank mit dem *schönsten Blick über Wien* – wie mein Vater monoton im Viertelstundentakt feststellt. Auch für mich ist hier ein kleines Paradies. Es gibt Privoznik-Kracherl und Pischinger-Tortenecken.

Schon in der Biedermeier-Zeit ließen sich auch die besseren Leut' – *wenn die Sternderln erglüh'n* – mit dem „Zeiserlwagen", einem vom Gastwirt Johann Zeisel kreierten Pferdewagen für 8 bis 12 Personen, in die Weindörfer außerhalb der Stadt bringen. Und schon bald lernte auch der Adel die saloppe Atmosphäre der bescheidenen Buschenschanken zu schätzen. Selbst Kronprinz Rudolf liebte sie, geruhte hier oft „zu verweilen", wie eine Gedenktafel am Eingang eines Heiligenstädter Lokals dokumentiert.

Schattige Innenhöfe und Gärten, in denen resche Serviererinnen den grünlich-goldenen Wein servieren. Als Labsal für die Seele –

dort, *wo der Herrgott den Finger herausstreckt,* entspannt man sich und lässt für einige sorglose Stunden bei Traminer, Grünem Veltliner und Welschriesling *den Herrgott einen guten Mann sein.* Schließlich ist einem echten Wiener ein *Räuscherl liaber als wia a Krankheit oder a Fieber ...*

Der Heurige als eine Wiener Institution, als Treffpunkt für frisch Verliebte und abgeklärte Ehepaare, für junge Genießer und alte Schmähführer, für arme Hunde und gutsituierte Herren, gepflegte Damen mit Perlenschnur und ewige Strawanzer mit dem Tschik im Mund – denn wie Komponist Sepp Fellner weiß, *... beim Heurigen, da gibt's kan Genierer, da sitzt der Bankdirektor neman Tapezierer.*

Neben begnadeten Zechern, die sich und den Weinkonsum fast immer beherrschen, gab und gibt es aber auch Menschen wie Josef Weinheber, der dem *Brüderl Wein* hilflos verfallen war. Mirko Jelusich war mit dem Lyriker befreundet: „Es war jedesmal dasselbe, das an das Phänomen einer in eine falsche Voltspannung eingeschaltenen Lichtbirne erinnerte: Zuerst ein übermäßiges Aufflammen, eine Viertelstunde von Lichtkaskaden der geistvollen Rede, die keine andere neben sich duldete – und

dann unversehens der Zusammenbruch in die äußerste Finsternis, der allmählich in den erlösenden Schlaf überging. Mit Kummer beobachteten wir, die Freunde Weinhebers, seine Maßlosigkeit. Und schließlich fanden wir, so dürfe das nicht weitgehen. Also redeten wir ihm deutlich ins Gewissen. Doch er wehrte ab. ‚Das versteht´s ihr net', raunzte er. ‚Ich brauch´ s.' ‚Den Rausch?' fragte ich. ‚Na – den Kater – die Zerrüttung …'"
Der Heurige als Therapeut. Hier ist es gemütlicher und weniger tiefgreifend als bei der Psychoanalyse. Hier spielt die Realität gerne Versteckerl. Hier rettet einen das Räuscherl vor der Realität. Der Heurige, ein beschwipstes, beschwingtes Biotop … Wein, Weib und Gesang – *Pipperln, Papperln* und *Pupperln.*
Schon als aus aller Welt Patienten in die Berggasse 19 strömten, waren die Wiener gegenüber Sigmund Freuds Einsichten in die Triebstruktur menschlichen Verhaltens skeptisch. Lieber als auf die Couch begibt man sich hinaus nach Grinzing oder Sievering, Heiligenstadt oder Stammersdorf. Das Wissen, dass man *eh nichts dagegen machen kann*, kommt am besten in der „Fledermaus" zum Ausdruck: *Glücklich ist, wer vergisst, was doch nicht zu ändern ist.* Vermutlich hat Johann Strauß deshalb

ein üppiges, goldenes Denkmal im Stadtpark – während die bescheidene Büste von Sigmund Freud im Arkadenhof der Universität eher im Verborgenen bleibt.

AM MERIDIAN DER EINSAMKEIT

Das Kaffeehaus. Eine Wiener Institution mit einer mehr als drei Jahrhunderte dauernden Geschichte. Und vielen Geschichterln – wie der vom ersten Wiener Kaffeehaus 1683.
Josef Georg Kolschitzky, der Kurier und Dolmetsch des Stadtkommandanten Graf Starhemberg, soll es gegründet haben. Die hartnäckig verbreitete Fama – Grundlage für Berge von Büchern über die Geschichte des Wiener Kaffeehauses – berichtet, dass sich am Höhepunkt der Türkenbelagerung, in einer schwülen Augustnacht des Jahres 1683, der schlaue Kolschitzky, im Dienste Starhembergs mit Pluderhosen und Fez verkleidet, während eines Gewitters, das an einen Weltuntergang erinnerte, in ein Lager der osmanischen Besetzer schlich. Die Türken hatten – von einem bayerisch-polnischen Entsatzheer überrascht –

bereits ihren Stützpunkt knapp vor den Toren Wiens Hals über Kopf verlassen. Hier fand der falsche Türke hunderte Säcke von grünen, teilweise schon gebrannten Kaffeebohnen: Grundstock für das erste Wiener Kaffeehaus.

Kulturhistoriker wie Karl Teply widerlegen jedoch – basierend auf geschichtlichen Fakten – das Geschichterl über das erste Wiener Kaffeehaus rigoros. Macht nichts. Jedenfalls berichtet der französische Globetrotter Freschot schon im Jahre 1704 davon, dass Wien „voll von Kaffeehäusern" ist.

Für den Wiener war und bleibt sein Stammcafé das erweiterte Wohnzimmer. Man ist „nicht zu Hause und doch nicht an der frischen Luft". Hier pflegt man Freundschaften und Feindschaften, diskutiert über den Sinn des Lebens, stärkt sich mit dem Lebenselixier Kaffee, das „heiß wie die Hölle, schwarz wie der Teufel, rein wie ein Engel und süß wie die Liebe" sein muss.

Noch zu wenige Wiener Cafés pflegen einen Brauch, der früher in Prag von Literaten rund um Franz Kafka und Franz Werfel, Max Brod und Egon Erwin Kisch gepflegt wurde: die Tradition des *hängenden Kaffees*. Jeder, der es sich leisten kann, bezahlt zusätzlich zu seiner Konsumation einen *Hänger*. Der nächste Gast, der am Rande der Gesellschaft balanciert und ohne Geld bei der Tür reinkommt, erfährt vom Ober, dass für ihn noch ein Kaffee *hängt*.

Das Kaffeehaus ist in Wien Zufluchtsstätte vor der Realität für „Kaffeehaus-Literaten" wie Peter Altenberg. Ein Träumer, der mit geschlossenen Augen durchs Leben ging und trotzdem alles erkannte; ein Phantast, der beim Träumen „immer wieder an die Ecken und Kanten einer mangelhaft eingerichteten Welt geraten ist und sich blutige Beulen geschlagen hat." Peter Altenberg, der aussah wie ein verwunderter, in das Leben der Menschen geworfener Seehund. Als er wenige Tage vor seinem Tod im Jänner 1919 in karierter Jacke mit gestreiften, viel zu kurzen Hosen, den Spazierstock immer wieder durch die Luft wirbelnd, sandalenklappernd im heftigen Selbstgespräch versunken über den Graben schlenderte, meinte ein Polizist: „Sie machen zuviel Aufsehen!" – „Zu wenig!" brüllte der Einzelgänger zurück. „Zu wenig!"

Peter Altenberg, der „Afrikaforscher der Alltäglichkeit", der in Kürschners Literaturkalender seine Adresse mit „Café Central,

Wien" angegeben hatte, sitzt noch immer in seinem Stammcafé, im Central. Muss hier noch immer sitzen. Als häßliche Pappmaché-Attrappe, als Blickfang für Wien-Touristen, die die „Weana Gemütlichkeit" nicht nur beim Heurigen, sondern auch im Kaffeehaus suchen.

In ihren Wien-Führern haben sie das Kapitel „Kaffeehaus-Vokabular" brav und ganz genau studiert: Sie nehmen den Ausspruch eines Alt-Wiener Kaffeesieders – „Es ist eine Missachtung, ja geradezu eine Beleidigung unseres Berufsstandes, wenn ein Gast einfach einen Kaffee bestellt" – respektvoll zur Kenntnis. Sie kennen den Unterschied zwischen einem Einspänner und einem Eiskaffee längst, bestellen mutig eine Schale Gold oder einen Kapuziner. Und manche haben sich gemerkt, dass ein *Mokka gespritzt* belebenden Cognac oder Rum enthält; dass der schon fast in Vergessenheit geratene *Mazagran* stark gezuckerter schwarzer Kaffee ist, der, heiß über gestoßene Nelken und Zimtrinde gegossen, mit Eis und etwas Maraschino serviert wird; dass die Kaffeesieder in die *Kaisermelange* ein wenig Eidotter mischen – als Überbleibsel aus der Zeit des Ersten Weltkriegs: Milch war rationiert, stattdessen kam

Eidotter in den Kaffee. Die bestinformierten Wien-Besucher wagen sogar für den Herrn einen *Konsul* (Schwarzer mit einem minimalen Schuß Obers) und für die Dame eine *Maria Theresia* (Kleiner Mokka mit Orangenlikör).

Die Touristen lesen, dass Bertolt Brecht meinte, Wien sei um ein paar Kaffeehäuser herumgebaut. Doch sie können die Atmosphäre von früher nur erahnen. Zwischen Melange und Marmortischen, Türmen von Zeitungen und saftigen Nußbeugerln, stundenlangen Billard-, Schach- und Kartenpartien. Und hitzigen, oft dekadenten Diskussionen der Kaffeehaus-Literaten.

Alfred Polgar über den „wienerischen Breitengrad am Meridian der Einsamkeit", das „Café Central", das um die Wende zum 20. Jahrhundert zum Zuhause der Künstler und Lebenskünstler wurde: „Seine Bewohner sind größtenteils Leute, deren Menschenfeindlichkeit so heftig ist wie ihr Verlangen nach Menschen, die allein sein wollen, aber dazu Gesellschaft brauchen … Der Centralist lebt parasitär auf der Anekdote, die von ihm umläuft. Sie ist das Hauptstück, das Wesentliche. Alles übrige, die Tatsache seiner Existenz, ist Kleingedrucktes,

Hinzugefügtes, Hinzuerfundenes, das auch wegbleiben kann."
Das „Central", das in Franz Werfels Roman „Barbara" als *Schattenreich* auftaucht, in dem neben Altenberg und Polgar auch Egon Friedell und Karl Kraus Stammgäste waren, hielt seinen Rang als das Wiener Literatencafé bis zum Ende des Ersten Weltkrieges.

Abgelöst wurde es vom „Café Herrenhof", in dem während der Zwischenkriegszeit Literaten wie Hermann Broch und Franz Werfel, Friedrich Torberg und Berthold Viertel, Robert Musil und Joseph Roth *wohnten.*

Im März des Jahres 1938 aber saßen nur noch wenige der meist jüdischen Stammgäste im „Herrenhof" und diskutierten, wohin man vor den Nazi-Horden flüchten könnte. Anton Kuh hörte den aufgeregten Freunden lange Zeit stumm zu – zuckte die Achseln und meinte: „Schnorrer braucht man überall."

Kuh starb 1941 in New York.

Nach dem Zweiten Weltkrieg gab es für das „Leichenschauhaus Herrenhof" noch eine kurze, für Friedrich Torberg „asthmatische Renaissance ... ehe es zum Mittagstisch für die Beamten der umliegenden Ministerien herabsank und 1960 endgültig seine

Pforten schloß". Torberg suchte und fand nach der Rückkehr aus der Emigration ein anderes Zuhause, „eines der überhaupt letzten Wiener Kaffeehäuser – bezeugt von einem, der meistens als einer der überhaupt letzten Gäste weggeht ...". Ein Wiener Mythos – das „Hawelka".

IM WARTESAAL ZUM RUHM

In einem Haus, das ursprünglich als Altersheim für Schauspieler geplant war, gab in den frühen 1950er-Jahren ein biederer Kaffeesieder aus Mistelbach, Herr Leopold Hawelka, bekannt: „Zufolge langjähriger Erfahrungen bin ich in der Lage, allen Wünschen meiner p. t. Gäste gerecht zu werden, vor allem durch Verabreichung von nur erstklassigem Bohnenkaffee zu volkstümlichen Preisen und täglich frischen selbstgemachten Hausmehlspeisen."
Und schon bald wurde das *Hawerl* für einen der ersten Stammgäste, den Poeten H. C. Artmann, eine *magische Botanisiertrommel, in der man die seltsamste Flora unserer Stadt*

finden kann. Ein Treffpunkt der Künstler, eine Insel der Lebenskünstler, Heimat, eine Art Wohngemeinschaft junger Schauspieler und alter Dichter, erfolgloser Musiker und arrivierter Maler, müder Pensionisten und fröhlicher Studenten. Das Hawelka. Eine verraucht stickige Wiener Institution. „Ein heiliger Hort der gesprochenen Abenteuerromane, der Gemälde, die aus Wörtern entstehen, der Melangen aus Beobachtung und Erinnerung, Staunen und Lachen, Dichtung und Wahrheit" (H. C. Artmann). Wo – täglich außer dienstags – bis zwei Uhr früh neben Buchteln, Gugelhupf und Nussbeugeln, Debreczinern und Frankfurtern, Einspännern und kleinen Schwarzen mit Slibowitz vor allem auch „Zeit serviert wird", wie der Maler Moldovan im Gästebuch des „zeitlosen Hawelka" vermerkt. Kurt Moldovan, den der frühe Tod zumindest zügig ereilt: bei der Hermi, in seinem Stammwirtshaus in der Kumpfgasse, während er Punkt zwölf Uhr mittags gerade die Suppe zu essen beginnt.

Für viele ist das Hawelka ein zweites Zuhause. Ein Zuhause mit abgewetzten Plüschpolstern. Ein Wartesaal. Ein Wartesaal zum Ruhm. Regie in diesem Biotop der Tagträumer und Nachtschwärmer führt das Kaffeesieder-Paar. Hier, wo man so angenehm allein unter Menschen sein kann, wo sich frisch Verliebte zaghaft und zart dem märchenhaften, ersten Rendezvous hingeben, wo lautlose Schach- und streitende Tarockspieler und der müde Herr der Wach- und Schließgesellschaft – der um Mitternacht sein gewohntes Gratishäferl Milchkaffee bekommt – ihr erweitertes Wohnzimmer haben.

Die Biografie des Gastgeber-Ehepaars Josefa und Leopold Hawelka ist mit mehreren Künstlergenerationen dicht verwoben. Am runden Tisch hinten in der rechten Ecke zerkrachen sich während einer heftigen Diskussion über den Einfluss der Politik in künstlerischen Bereichen Hilde Spiel und Friedrich Torberg, hier übt der gnadenlose Kritiker Hans Weigel – von jungen Schauspielerinnen bewundert – schon sehr früh seinen Balanceakt mit den drei Brillen. Hier rezitiert Oskar Werner nach dem dritten, vierten Cognac Weinheber und Rilke, und Helmut Qualtinger imitiert nach dem dritten, vierten Viertel Veltliner Annie Rosar oder Willi Forst. Wolfgang Hutter diskutiert nächtelang über die Erotik spezieller

Körperfalten, während die anderen *Phantastischen Realisten* wie Fuchs, Hausner und Lehmden ihre Werke um ein paar hundert Schilling verkaufen. Und Fritz Stowasser, der vor kurzem zögerlich seinen Namen auf Hundertwasser geändert hat, bietet großflächige Werke mit phantasievollen Titeln an: „Singender Vogel auf einem Baum in der Stadt", „Europäer, der sich seinen Schnurrbart hält" oder „Wenn ich eine Negerfrau hätte, würde ich sie malen". In einer der schmalen Logen skizziert Architekt Wilhelm Holzbauer sein erstes Haus, Oswald Wiener entwirft die „Systemanalyse Mitteleuropas".

Samstag Vormittag ist auch immer mein Vater da und meist enttäuscht, weil der anerkannte Kollege Franz Hubmann wieder einmal nicht zurückgegrüßt hat. Man sitzt immer am Stammtisch, hinten beim Eingang zur Küche, gleich neben dem Platz für die Schachspieler. Eine illustre Freundesrunde: der rothaarige, dicke Perlengroßhändler aus der Operngasse, der sich jede Woche – immer Punkt zwölf – von einer neuen *Katz* zum Ausflug in den Prater abholen lässt. Der Opernfan und ehemalige *sharpshooter* der US-Army. Seit Jahren wohnt er

bei einer Rauchfangkehrerswitwe gegenüber dem
Kolosseumkino in Untermiete. Jeden Abend besucht er
die Staatsoper. Stehplatz. Bis zur Pause – denn er kenne ja
sowieso alles auswendig.
Und der jüdische Juwelier, der beim verständnisvollen
Herrn Ali, dem wieselflinken kleinen Herrn im Smoking,
anschreiben lässt, der im von dichten Rauchschwaden durchzogenen Getöse – Mokkatassen und Buchteln balancierend –
durch nichts aus der Ruhe zu bringen ist, weil man am Schabbes
kein Geld in die Hand nehmen darf. An manchen Samstagen
nimmt mich mein Vater mit. Die heiße Schokolade mit
Schlagobers schmeckt gut.
Zehn, zwanzig Jahre später wird das Hawelka – wo früher
auch Schriftsteller wie Canetti und Csokor, Arthur und
Henry Miller zu sehen sind – zum Treffpunkt plauderbegabter
Parvenüs. Ja, und der neugierigen Kulturtouristen, die
den *Nackerten* und Künstler schauen kommen. Bald
darauf ziehen sich die meisten der *Hawerl*-Künstler zurück
und überlassen das Hawelka anderen: jenen, die sie
beobachten wollen.

HASEN, HÄFERLGUCKER
UND HÜBSCHLERINNEN

Wien, die Weltstadt des Barock. Durch zielstrebige Heiratspolitik der Habsburger wurde die Stadt Mittelpunkt einer Großmacht, eines riesigen Reiches, in dem „die Sonne nie unterging". Für den Pariser Arzt und Schriftsteller Patin war Wien zu dieser Zeit die „wahrhafte Hauptstadt des Abendlandes". Mit neuem Selbstbewusstsein in Architektur und Malerei, weltmännischer Eleganz des Adels und der Großbürger – Wien, eine Stadt, die verstand, über ihre Verhältnisse zu leben.
Wien, die europäischste Stadt der Zeit. Die Schriftstellerin Ann Tizia Leitich weiß warum: „Wien besaß alles, was das Barock zum Leben und Blühen brauchte: das frische, quellende Volkstum, die Magnifizenz eines in künstlerischen Dingen verschwenderischen Hofes, den heroischen Elan eben erlebter großer geschichtlicher Ereignisse und – die eminent musische Landschaft mit dem Rebengelände. Das Barock liebte den Wein, der seine Energie befeuerte und ihm jenen Schwung über sich selbst hinaus gab, ohne den es nicht zu leben vermochte.

In Italien, wo es geboren war, hatte es Selbstbewußtsein und Verwegenheit erworben; in Spanien Phantastik und Grandezza, in Frankreich die Form für seine Lebenshaltung. In Österreich fand es seine Seele."

Der üppige Lebensstil des Barock prägte auch die Essgewohnheiten. Von einfacher, gesunder Ernährung hielt man nicht viel – Speis´ und Trank mussten reichlich bemessen und phantasievoll zubereitet sein. Immer wieder kanzelte der Prediger Abraham a Sancta Clara die feudalen Essgewohnheiten der Aristokratie und des Geldadels ab: „Einfache Gerichte sind höchstens noch für das Gesinde gut genug. Für die Herrschaft ist das nichts. Die Zungen so feiner Leut´ erwarten bei jedem Bissen ein ganzes Sammelsurium von Genüssen … triebe die Hitze dem Koch nicht ohnehin das Wasser aus den Poren, so würden die Ansprüche, die man an ihn stellt, ihm gleichfalls Schweißbäche entlocken. Die Meister ihres Fachs werden förmlich mit Gold aufgewogen …"

Jede Mahlzeit wurde zur pompösen Inszenierung, die Speisen wurden in ungewöhnlichen Farben und Formen aufgetragen. Oft wurden die Gerichte mit „eingekleideten Überraschungen" serviert. Aus einer Pastete sprang beim Anschneiden ein lebendiger Hase – fast phantasielos im Gegensatz zu den kulinarischen Gebräuchen jenes burgundischen Herzogs, von dessen Zeremoniell die habsburgische Etikette ihre überschwängliche Grandezza übernommen hatte: Aus einer Riesenpastete marschierte eine ganze Musikkapelle.

Nie hatte sich in Wien allerdings aus gekränktem Ehrgefühl ein Koch das Leben genommen – wie es im Jahre 1676 der weit über die Grenzen Frankreichs bekannte Meisterkoch Vatel tat, nur weil die Fische nicht rechtzeitig für ein pompöses Festmahl eintrafen, das der Feldherr Condé zu Ehren Ludwig XIV. für 1000 Gäste gab.

Die Weltoffenheit im Wien des Barock beherrschte auch Küche und Keller. Importeure führten aus aller Welt Erlesenes ein: Austern, Mandeln und Pistazien, Käse und gepökelte Heringe aus Holland, Schinken aus Westfalen, Mortadella aus Cremona und feines Konfekt aus Venedig, Gewürze aus Indien. Deftiges, Bodenständiges wurde mit fremden Zutaten verfeinert; duftende heimische Kräuter wie Bertram, Majoran oder Thymian wurden mit ausländischen Gewürzen angereichert –

erstmals gab sich die Wiener Küche international.
Exotische Speisen wie Wachteln aus der Lombardei und Krammetsvögel aus Syrakus, Tauben aus Ägypten und Gänse aus Mazedonien ergänzten die Speisekarten neben heimischen Produkten. Lamm-, Schweine-, Kalbs- und Rindfleisch dominierten. Aber auch Delikatessen wie Biberschweif mit Lemoni oder Eichhörnchen mit Karfiol wurden verspeist. Suppen aß man an Fleischtagen – wie die Türken – als letzten Gang, auch oft gesüßt mit Weintrauben oder Mandeln. An den zahlreichen Fasttagen ernährte man sich vorwiegend von Fischen, die aus den Teichen und Zuchtanlagen der Klöster, den Karpfenteichen Böhmens oder der Donau stammten.

Besucher der Stadt staunten. Wie Joachim Perinet, der von einem Besuch im „Lothringer Bierhaus" nahe der Hofburg berichtete: „Schon der Geruch, der aus dem zu ebener Erde gelegenen Saufwinkel in die Nasen steigt, macht den Gaumen luestern, und man kann den Augenblick kaum erwarten, die Freßlitanei des Kellners zu vernehmen … voll heiliger Erwartung sauft man der oft stundenlangen Speisebereitung entgegen und harret auf das Erscheinen eines Schweinebraten oder gespickten

Hasen wie die Juden bei einem Donnerwetter auf die Ankunft des Messias ..."

Die „Häferlgucker" – Kontrollorgane der Zeit der Aufklärung, die von Kaiser Leopold II. im Kampf gegen die unbeherrschte Völlerei eingesetzt wurden – waren angewiesen, Hausfrauen und Köchinnen in Herde, Töpfe und Pfannen zu schauen, um ein Übermaß an kulinarischen Genüssen zu vermeiden. Diese Spione in Küchen und Kellern waren sogar berechtigt, dem Küchenpersonal Prämien auszuzahlen, wenn sie ihre Herrschaft wegen übermäßigen Verzehrs verrieten. Die Aufgabe der Kontrollore bestand aber auch darin, Anzahl der Gänge und Zeitdauer bei festlichen Essen zu überprüfen. Der Adel durfte sich bis zu sechs Stunden den Genüssen hingeben, Tafeln der Bürger mussten nach drei Stunden aufgehoben werden – außer man konnte die amtlichen Organe *überreden*, selbst ein wenig mitzufeiern ...

Draußen auf dem Lande scherte sich niemand um die Wiener Häferlgucker des Kaiser Leopold. Galt es etwas zu feiern, gab es keine Form von Einschränkungen. Man schöpfte aus dem Vollen. Die großen Dinge des Lebens, wie Geburt, Taufe, Heirat

und Tod, wurden gebührend begangen – entwickelten sich zu überschwänglichen Fress- und Saufgelagen. Nicht selten feierte man zwischen Heuduft und Mistgeruch, Vogelgezwitscher und Schweinegrunzen tagelang, manchmal erstreckten sich die ländlichen Festivitäten auch über mehrere Wochen.
Trotz der „Kirchenschwätzabstellung", einer anderen Verordnung Leopold II., besprach das gemeine Volk hinter dem vorgehaltenen Gebetsbuch ungezwungen Dienstbotenaffären, schnupfte man in der Kirche das „vermaledayte Tabackpulver", benutzten „gaile Böcke" die Gotteshäuser als „Buelplatz". Die höheren Herrschaften gaben auch wirklich kein gutes Beispiel. Schockiert berichtet Abraham a Sancta Clara von einer Messe der Augustiner: „Die Politici und Staatsleut stehen da in eingepuderten Paruquen, kehren dem Altar den Rücken, präsentieren einander Toback, lesen Briefe, erzählen Zeitungen, mancher lainet an einer Kirchensäule, betrachtet die neue Mode oder schauet auf ein schönes Frauenzimmer, winkt ihr mit den Augen ..."
Männer aus dem Volk vergnügten sich mit „Dienstmenschen" oder „Hübschlerinnen" in „Luken" – winzigen Häuschen an der äußeren Stadtmauer, die als Schlupfwinkel der Wollust

dienten –, an üppigen Tafeln in Meierhöfen, Weingärten oder Wirtshäusern, bei streng untersagten Karten- und Würfelspielen oder auf gemütlichen Kegelbahnen im Freien.

LANGUSTENSCHWÄNZE & WILDSCHWEINKÖPFE

Beinfleisch und Tafeldeckel, Kruspelspitz und Hieferschwanzel, Schulterscherzel und Weißes Scherzel, Kügerl und Brustkern, Kavalierspitz und Mäuserl, fettes und mageres Meisl, Tafelspitz. Rindfleisch – die „Seele der Wiener Küche". Ein im Jahre 1873 vom Wiener Gemeinderat herausgegebener Beschluss fixiert exakt 22 Gütevarianten für Rindfleisch. In Wien bestellt man nicht einfach Rindfleisch, man benennt die einzelnen Stücke auch präzise.
Im legendären Restaurant „Meißl & Schadn" am Neuen Markt 2 servierte man 42 Jahre lang 24 verschiedene Rindfleischarten, die der Gast mit mehr als zehn Beilagen kombinieren konnte. Bei moderaten Preisen. Mittags unten in der

Schwemm, oder abends im ersten Stock zwischen roten Seidentapeten. Hier trafen sich die *bessern Leut'*. Die Rothschilds und Gutsbesitzer auf der Durchreise, wendige Winkeladvokaten und ewige Spekulanten, die ersten Beamten der Monarchie und die *3-er-Dragoner* – das nobelste Wiener Regiment. Aber auch Literaten wie Gerhart Hauptmann und Arthur Schnitzler: „Vornehme Bürgerlichkeit, eine lautlose Gesellschaft, die niemand sehen und auch nicht gesehen werden will" (Ludwig Hirschfeld). Hier im eleganten Tafelspitz-Imperium wurde am 21. Oktober 1916 Ministerpräsident Karl Graf Stürgkh vom Sohn des sozialdemokratischen Parteiführers Victor Adler – während er Rindfleisch aß – erschossen.

„Ich bin ein großer Rindfleischesser, und ich glaube, das tut meinem Witz Schaden", meint Junker Christoph in „Was ihr wollt". Shakespeares Ausspruch ist in Wien unhaltbar. Zu verwurzelt ist die Abhängigkeit der Wiener vom gekochten Rindfleisch. Und dies nicht nur, weil der *alte Herr aus Schönbrunn* sich hauptsächlich und fast bis zum Ende seines Lebens von Beinfleisch und Tafelspitz ernährte. Das Rindfleisch, während Audienzpausen pünktlich zwischen ein und zwei Uhr mittags eingenommen, stammte zumeist aus Ungarn. Die Rinderhandelsfirma Sborszky & Co. war damit beauftragt, Kaiser Franz Joseph regelmäßig die erlesensten Fleischstücke ungarischer Rinder zu liefern. Die beiden durch ihre Lieferungen an die k. u. k. Hofküche in der gesamten Monarchie rasch berühmt gewordenen Fleischhändler kauften das Rindvieh in Ungarn herdenweise, nach alter Sitte wurden die Tiere zu Fuß nach Wien getrieben. Unterwegs magerten die Rinder beträchtlich ab, dennoch nannte man das Rindfleisch „Mastfleisch", als es von den Händlern verkauft wurde. Bis die prächtigen ungarischen Ochsen aus der Hortobágy oder anderen der k. u. k. Metropole fernen Landstrichen auf ihren viele Tage dauernden Wanderungen endlich in der Wiener Vorstadt eintrafen, wo sie die Fleischhauer von Sborszky & Co. übernahmen, waren sie oft bis auf die Hälfte ihres Gewichtes geschrumpft. Bis Kaiser Franz Joseph mittags sein Rindfleisch serviert bekam, nahm er als Frühstück im Morgengrauen Milchkaffee mit ein bis zwei Stück Gugelhupf und am späten Vormittag zwischen Audienzen und Beratungen mit Ministern und Abgeordneten, Geistlichen und Hofbeamten noch eine kleine Stärkung zu sich.

Zwischen Ernennungen neuer Barone oder Besprechungen über Umstrukturierungen im Heer schickte der Kaiser manchmal noch schnell einen Vertrauten in ein nahegelegenes Wirtshaus – um ein Paarl Würstel mit Kren. Präzise mit dem Mittagsläuten trank der Monarch einen Krug Bier.

Zwischen ein und zwei Uhr mittags war es dann soweit. Das Ritual des fleischlichen Genusses konnte stattfinden. Im Arbeitszimmer der Hofburg bekam Kaiser Franz Joseph vom Oberhofmeister sein Rindfleisch wie bei einem religiösen Zeremoniell serviert. Meist mitsamt der Rippen, mit Kohl oder Kohlrabi, in Brühe aus Rindsuppe und Fleischsaftl schwimmend. Mit einem Tellerchen Kren, junger Zwiebel und altbackenem Brot.

Täglich wurde in der Hofküche ein ganzer ungarischer Ochse gekocht, das feinste Stück dem Monarchen vorbehalten. Franz Joseph aß immer allein. Den täglichen Genuss der Rindfleisch-Mahlzeit rundeten die drei Deziliter Weißwein, die sich der Kaiser selbst aus dem zarten Kristallfläschchen eingoss, ab. Auf Anordnung seines Leibarztes Dr. Kerzl trank der Monarch während seiner letzten Lebensjahre zweimal wöchentlich nach dem Essen ein Glas Champagner der Marke „Moët & Chandon". Danach gab es eine kräftige „Virginier", in späteren Jahren eine wesentlich leichtere „Regalia Media". Gelabt und gestärkt glaubte Franz Joseph sodann, die Geschicke der Monarchie weiterführen zu können.

Im Roman „Radetzkymarsch" schildert Joseph Roth die starken Gefühle, die wohlgefällige Betrachtung, die sich beim Auftragen des klassischen österreichischen Gerichtes nicht nur beim Kaiser einstellt: „Das Auge des Bezirkshauptmannes liebkoste zuerst den zarten Speckrand, der das kolossale Stück Fleisch umsäumte, dann die einzelnen Tellerchen, auf denen die Gemüse gebuttert waren, die violett schimmernden Rüben, den sattgrünen, ernsten Spinat, den fröhlichen, hellen Salat, das herbe Weiß des Meerrettichs, das tadellose Oval der jungen Kartoffeln, die in schmelzender Butter schwammen und an zierliche Spielzeuge erinnerten …

Es war, als äße er die wichtigsten Stücke mit den Augen, sein Schönheitssinn verzehrte vor allem den Gehalt der Speisen, gewissermaßen ihr Seelisches; der schale Rest, der dann in Mund und Gaumen gelangte, war langweilig und musste unverzüglich verschlungen werden. Die schöne Ansicht der Speisen bereitete dem Alten ebensoviel Vergnügen wie ihre einfache Beschaffenheit. Denn er hielt auf ein sogenanntes bürgerliches Essen: ein Tribut, den er seinem Geschmack ebenso wie seiner Gesinnung zollte; diese nämlich nannte er eine spartanische. Mit einem glücklichen Geschick vereinigte er also die Sättigung seiner Lust mit den Forderungen der Pflicht. Er war ein Spartaner. Aber er war ein Österreicher …"

Gewissenhafte Pflichterfüllung in der Monarchie bis hin zu den Mahlzeiten. Als Bekenntnis zum spartanisch lebenden Monarchen, der sein unbequemes Eisenbett aus dem Feld stets schon am frühesten Morgen verließ.

Weniger spartanisch waren die Hof- und Marschalltafeln und die festlichen Galadiners im Amalien- oder im Leopoldinischen Trakt der Hofburg. Ein- bis dreimal während des Faschings wurde der exklusive „Ball bei Hof" im von tausenden Kerzen taghell erleuchteten Redoutensaal gegeben. Eine Einladung zu diesem gesellschaftlichen Großereignis der Monarchie wurde nur höchstem, also ältestem Adel mit zumindest sechzehn Ahnen zuteil. Sobald zwischen elf und halb zwölf Uhr nachts der

Schlusstanz, der „Cotillon", verklungen war, wurde für die 800 bis 1000 vom Tanz erschöpften Gäste das Souper serviert. Mit der berühmten Kraftbrühe „Bouillon Maria Theresia", nach dem Rezept der Kaiserin mit mehr als zwanzig Zutaten – darunter Hühner und Hummer, Trüffel und Sekt – zubereitet.

Ein bisschen weniger exklusiv als die feudalen „Bälle bei Hof" waren die einfacheren „Hofbälle", an denen bis zu 3.000 Gäste, darunter auch Beamte – vom Hofrat aufwärts – teilnehmen durften. Während den Majestäten in den „Technischen Appartements" ein elegantes, aber nicht allzu üppiges Souper serviert wurde, wurde für den größten Teil der Gäste im Rittersaal ein gigantisches, hufeisenförmiges Buffet errichtet. Auf den künstlerisch dekorierten riesigen Schüsseln türmten sich für die Offiziere, Geheimen Räte und Beamten Berge von Hummern und Langusten, Auer- und Birkhähnen im Federschmuck, Schlögeln und Rücken vom Damwild und riesige Wildschweinköpfe aus Gödöllö. Pünktlich um Mitternacht wurden von den Lakaien hunderte Tabletts mit Faschingskrapfen und Unmengen von Bäckereien und Bonbons hereingetragen. Pro Gast war ein Viertelkilogramm berechnet, damit jeder Einzelne – Offizier wie Beamter – die begehrten Süßigkeiten der Hofzuckerbäckerei den nicht am Hofball geladenen Verwandten und Kindern nach Hause mitbringen konnte. Um üppige Mengen der Zuckerln zu erraffen, waren die goldbestickten Fräcke hoher Herren mit wachstuchgefütterten, großen Innentaschen ausgestattet – behauptet ein besonderer Kenner der Hofburg-Intimitäten, der Autor Josef Cachée.

Cachée meint auch zu wissen, wie das Wiener Schnitzel nach Wien kam: „Ausgerechnet Feldmarschall Graf Radetzky brachte es an den Wiener Hof. Darüber schreibt der Flügeladjutant des Kaisers Franz Joseph, Graf Attems, dass der Feldmarschall anlässlich eines Rapports beim Kaiser über den Stand des norditalienischen Feldzuges in begeisterten Worten berichtete, die Mailänder würden etwas ganz Besonderes kochen. Sie legten, so erzählte der Marschall, vor dem Ausbacken das Fleischschnitzel zuerst in Ei und dann in Semmelbrösel. Der Kaiser, von Radetzkys Begeisterung angeregt, befahl seinem Feldherrn, er solle sogleich in der Hofküche höchstpersönlich die Anweisungen geben, wie man ein solches Mailänder Schnitzel zubereite. So soll aus dem Mailänder das *original Wiener Schnitzel* geworden sein.

Der Hof-Chefkoch bereicherte die Erfindung des Wiener Schnitzels dadurch, dass er – einer Laune folgend - eines Tages Hühnerteile ebenso auf ursprünglich Mailänder Art zubereitete – damit wurde der phantasievolle Hofkoch zum Schöpfer des klassischen Wiener Backhendls ...

An den Hoftafeln gab es eine protokollarische Sitzordnung, die strikt am Habsburger-Zeremoniell festhielt – man speiste „à la cour": Die ehrenwerte Gesellschaft durfte an der Tafel Franz Josephs nur so lange kauen und schlucken, wie der Monarch, der eher ein schwacher Esser war, kaute und schluckte. Die Gäste bei Hof in der Reihenfolge ihres Ranges links und rechts vom Kaiser. Bei kleineren Déjeuners und Diners schrieb der Kaiser meist selbst die Tischordnung.

Gegessen wurde an der Hoftafel äußerst schnell. Zehn bis zwölf Gänge während einer knappen Stunde – was den ungarischen Ministerpräsidenten Graf Tisza einmal zu der Bemerkung „Beim Franz Joseph kann man nach Herzenslust verhungern" veranlasste.

Ein ungarischer Diplomat über ein gesetztes Essen in den Alexander-Appartements im Amalientrakt der Hofburg:

„Die Speisen werden schnell auf- und abgetragen, man kann den Wein nicht genießen, der beste Bissen bekommt Flügel, sowie man nur einen Augenblick wegschaut oder mit dem Nachbarn spricht … kaum hat man den Mokka geleert, geben die Lakaien schon den Gästen die unter dem Tisch liegenden Hüte in die Hand. Der Kaiser schaut, ob jeder seinen Hut übernommen hat, erhebt sich, und alle, wie eine Vogelschar, erheben sich auch und begeben sich in den anstoßenden Salon zum Cercle mit Zigarren."

BIST A SCHATZI, KRIEGST HEUT A WURSCHT

„Im Haus schmeckt einem der beste Trunk nicht, im Wirtshaus muss man sein, da ist das schlechteste Gesäuf ein Hautgout", stellt Johann Nestroy in „Lumpazivagabundus" fest.
Meiner geselligen Tante Mizzi aus Meidling verdanke ich frühe Erlebnisse im Wirtshaus. Tante Mizzi ist Unternehmerin. Besitzerin einer „Puppenklinik". Eigentlich einer „Puppenklinik & Reparatur-Anstalt". Ein sonderbarer Kosmos, der an Ödön

von Horváths „Geschichten aus dem Wiener Wald" erinnert.
Eine wunderbare Welt für Kinder, aber auch für jene älteren,
gepflegten Damen, denen ihre Puppensammlung letzte
Lustgefühle vermittelt. *Kruse-und Schildkröt*-Puppen mit mundgeblasenen Glasaugen, Holz- oder Papiermaché-Gliedmaßen und
den Perücken, die aus mitgebrachtem Menschenhaar gefertigt
werden.

Tante Mizzis Puppenklinik befindet sich im Herzen Meidlings,
in der Schönbrunner Straße, gleich neben dem Eck-Gasthaus des
17-fachen *Internationalen* Poldl Resch. Eine Wacker Wien-Fußballlegende aus der Zwischenkriegszeit. 1930 beendet er
seine aktive Laufbahn, um sich nur mehr den Gästen in seinem
Wirtshaus zu widmen. *Musik-Tanz-Gute Laune* wird auf dem
Plakat, das zum traditionellen Hausball in das Wirtshaus unterhalb des Wackerplatzes einlädt, versprochen.

Bei Schwechater vom Fass, Dürnsteiner Flohhax´n, Refosco und
Ribiselwein, Schnitzerln, Saumaisen und Schlachtplatten wird
gefeiert, bis *der Milchmann mit die Müllikand´ln scheppert.*
Eine herbe Wiener Vorstadtmischung, treue Stammgäste vom
Grund und aus den benachbarten Bezirken, hat sich wieder

einmal eingefunden. Stolze Fußballer in weißen Perlon-Hemden und *Pitralon*-Rasierwasser-Wolken, zufrieden wirkende Kommerzialräte und ihre charmanten Begleiterinnen in halbseidenen *Petticoats*, Netz-Nylon-Strümpfen und Stöckelschuhen, brave Handwerker und ein bissl Unterwelt.
Meine attraktive Tante Mizzi mitten drin. Denn bei einem Ramasuri ist sie immer dabei – denn sonst *scheiß i´ mir lieber in´s Taschentüchl*. Als Überraschungsgast schaut heute Nacht Heinz Conrads vorbei. Gerade hat er seinen umjubelten Wienerlieder-Auftritt im Weingartl des Parkhotel Schönbrunn beendet. Und auch die stets gut gelaunten Musiker Rudi Schippel & Rudi Kurtzmann sind noch spät nachts zum Hausball vom Poldl Resch gekommen. Als „2 Rudis" spielen sie in Sievering beim Heurigen von Anton Karas, wenn der Zitherkünstler aus dem Film „Der dritte Mann" pausiert. Karl Lowinger, Virtuose auf seiner *Artisten-Knopfharmonika*, die „Schönbrunner Schrammeln" und ab 2 Uhr früh Schlager aus der Musikbox garantieren ausgelassene Stimmung. Poldl Resch selbst hat den ganzen Stolz des Lokals, den neuen Wurlitzer, mit Schallplatten gefüllt. Reschs Motto „Man muß stets mit der Zeit

gehen" hat dem Lokal zuvor auch schon einen Schuhputz-, Zigaretten- und Frischetücher-Automaten beschert. Für einen Schilling gibt´s in der Musikbox drei Nummern – für jeden Geschmack ist etwas dabei: „Junge Leute brauchen Liebe" (Nana Gualdi); „Tom Dooley" (Nielsen Brothers); „Hula-Rock" (Ted Herold) – und natürlich „Wenn Teenager träumen" (Conny Froboess & Peter Kraus).

Bei der Mitternachtstombola gibt es eine Autobusreise nach Mariazell, eine halbe Sau und ein Fassl Bier zu gewinnen: Der glückliche Sieger des Hauptpreises ist – wie schon im Vorjahr – der fesche Rauchfangkehrermeister aus der Bischoffgasse. Heute Nacht wird jedenfalls gedraht, als gäb´s kein Morgen, heute Nacht lässt man in Meidling *den Herrgott einen guten Mann sein*, heute Nacht oder nie … Und manch einer, der als einsamer Solist gekommen ist, wankt in zärtlicher Umarmung in den neuen Tag.

Wien – Wirte - Wirtshäuser: Ein wohlklingendes Trio. Allerdings haben es Gäste mit selbstbewussten Wirten und reschen Wirtinnen in Wien nicht immer ganz leicht. Man muss sich schon benehmen und beherrschen können; warten können,

Kritik über die Güte des Beuschels oder der Blunzn, die Temperatur des Biers oder des Weins runterschlucken können. Der gelernte Wiener Heimito von Doderer beschreibt im Roman „Die Wasserfälle von Slunj" die heimelige Atmosphäre im Wirtshaus der Maria Gründling hinter der Matzleinsdorfer Kirche: „Mitunter wurde man hinausgeworfen, bevor man noch Platz genommen hatte, und auf die Bestellung eines Krügels Bier erwiderte die umfängliche Wirtin in grobem Tone, man möge gefälligst schauen, dass man weiterkomme, sie wolle jetzt schlafen. Dennoch waren die zwei geringen Stuben stets voll von Gästen, obwohl mitunter auch alle zugleich plötzlich an die Luft gesetzt wurden, oder einem einzelnen das Verlangte in barscher Weise verweigert ward ... obgleich die Gäste sich hier ohnehin selbst und sogar gegenseitig bedienen mussten, aber unter dem Kommando der Wirtin. So hieß es: „A Schinkensemmel?! An Schmarrn. Aber dem Herrn Pühringer dürfen S´ a Viertel Wein bringen." Die Wirtin erhob ihre 128 Kilogramm fast niemals vom Stuhle, und einen Kellner hielt sie nicht ... Manchmal gab sie aber auch offene Sympathie-Erklärungen ab, wie: „Des G´sichterl seh´ i gern. Bist a Schatzi. Kriegst heut a Wurscht ..."

Ähnlich dem Matzleinsdorfer Wirtshaus der Maria Gründling gab es in Alt-Wien Gasthäuser, die man nicht wegen Küche und Keller, sondern vor allem wegen der originellen Wirte mit Schmäh und Schürze besuchte.

So einer war der „Hetzendorfer Sauwirt", dem nur gestandene Wiener vom Grund annähernd Paroli bieten konnten. Verirrte sich einmal eine Partie aus *besseren Kreisen* zum „Sauwirt", ging´s zur Hetz der Stammgäste los: Ein „verbaler Sautanz" wurde zum saftigen Schweinsbraten mitserviert. Deftige, kaum mehr zweideutige Witze den Damen zum Apfelstrudel kredenzt.

Oder der Pepi Blaas. Ein hagerer, hochgeschossener Wirt mit knallroten Haaren. Sein Lokal, die *Blaas-Hüttn* befand sich unweit des Lusthauses direkt an der Donau. Der Wien-Chronist Fritz Feldner beschreibt das Wirtshaus, das auch für seine frischen Donaufische bekannt war: „Zu vorgerückter Stunde konnte man sich im Genuß eines geistigen Exhibitionismus suhlen. In den vornehmsten Kreisen Wiens galt es geradezu als Bildungslücke, den schweinigelnden Wirt nicht zu kennen. Hätte Pepi Blaas früher gelebt, wäre er sicherlich von einem Renaissance-Potentaten in den *Porno-Grafenstand* erhoben worden." Oder Ferdinand, der stets übelgelaunte "Wirt vom Ulrichsberg" mit dem Standardgewicht von 160 Kilo, dessen Gasthaus für Klassiker der Alt-Wiener Küche wie gespicktes Rahmkalbsherz, gebackenen Kalbskopf und Majoranfleisch bekannt war.

Meist stand der mächtige Herr Ferdinand, durch die bodenlange Schürze deutlich als der Wirt erkennbar, einen Zahnstocher von einem Mundeck zum anderen befördernd – und dabei kaum die Gesichtsmuskulatur beanspruchend –, am Eingang des Lokals und musterte die Gäste, bevor er sie in sein Heiligtum einließ. Stand ihm einer nicht zu Gesicht, oder grüßte er den Wirten nicht ehrfurchtsvoll genug, hatte er keine Chance. "Alles besetzt!" hieß es dann – auch wenn im weitläufigen Lokal nur der Stammtisch besetzt war.

Der war allerdings immer besetzt. Von 9 Uhr früh bis zur Sperrstunde knapp vor Mitternacht. Da saßen sie alle, die Stammgäste des Herrn Ferdinand. Hansl, der durstige Schlossermeister, der nie weniger als 16, 17 Viertel und rund um die Sperrstunde noch einige Fluchtachterln trank; Edi, der kraftstrotzende Möbelpacker, der bis zu seiner Bruchoperation ein Klavier allein tragen konnte – und der *Weichensteller*, der pensionierte Eisenbahner, der nicht weniger durstig als der Hansl war. Wenn er merkte, dass er genug getrunken hatte, legte er sich unter den letzten Tisch ganz hinten im Lokal und schlief. Manchmal kam es vor, dass der *Weichensteller* auch nach der Sperrstunde nicht mehr aufwachte – dann hat ihn halt der „Wirt vom Ulrichsberg", mit der Scheibtruhe nach Hause geführt.

Herr Ferdinand – ein Wirt mit Herz. Wenn man so ein Wiener Original einmal für sich gewinnen konnte, wenn man zum Stammgast in einem der wenigen heute noch vorhandenen Alt-Wiener Wirtshäuser geworden ist, kann einem im Leben nicht mehr viel passieren.

Das Stamm-Wirtshaus ist für den Wiener Labsal für Leib und Seele und Kommunikationszentrum. Manchmal auch Zufluchtsstätte. Und ein zweites Zuhause:

Bei mir z´Haus
Bin i nia z´Haus
Aber im Wirtshaus
Bin i wia z´Haus

Ob bei den neuesten Witzen beim Stehachterl an der Theke, bei den heftigen Diskussionen mit anderen Stammgästen über die Ahnungslosigkeit der Politiker, die Geldgier der Fußballer, die entscheidenden Neuigkeiten aus dem Bezirk oder überhaupt gleich über den Zustand unseres Planeten – hier in seinem Stammbeisl ist man wer. Hier hört einem jemand zu. Und über allem schwebt – alles überblickend – der Wirt.

„Franz, halt´ mir die Beisln, damit sie überleben, sie sind das Rückgrat der Intelligenz", beschwor Heimito von Doderer knapp vor seinem Tod, Mitte der 1960er-Jahre, seinen Stammwirt Franz Blauensteiner. Für den Romancier war das Josefstädter „Gasthaus zur Stadt Paris" eine Mischung aus Wohn-, Arbeits- und Esszimmer.

„Am liebsten hat er Hausmannskost, Schweinsbraten, G´selchtes und Stelze gegessen. Mittags trank er nie Alkohol. Er war ein Herr und wollte nicht zeigen, daß er heimlich trinkt. Vielleicht daher auch sein Verständnis für Alkoholiker. Wenn er nicht weiterschreiben konnte, half ihm der Alkohol bei der Arbeit. Anfang der fünfziger Jahre ist er das erste Mal zu mir ins Lokal gekommen und hat sich sofort als *Romanschriftsteller* vorgestellt.

Schon bald bildete sich rund um unseren Dichter ein fröhlicher Stammtisch. Hier hielt er beim allerletzten Schnaps weit nach der Sperrstunde immer stundenlang Referate über die *obstipierende Wirkung des Birnenschnaps*. Untertags schrieb er an seinem Stammplatz gegenüber der Schank große Teile seiner „Dämonen". Als er einmal nicht mehr weiterkonnte, lief er nach Hause und holte seinen Rosenkranz, hing ihn an die Wand, fixierte ihn lange – und plötzlich konnte er weiterschreiben."
„Jedes Wirtshaus hat die Gäste, die es verdient, genau so, wie man einen Schriftsteller aus seinen Lesern zu erkennen vermag, ohne selbst von ihm noch eine Zeile gelesen zu haben", meinte Heimito von Doderer.

A LEERER SACK STEHT NET

Bekannt wurde der große österreichische Romancier Doderer erst nach Erscheinen der „Strudlhofstiege" - während der *goldenen Backhendlzeit*. Als die Hautevolée sich Sonntag Mittag in den eleganten Restaurants der Innenstadt zum *Jour* trifft.

Zum *Krebserlessen*. Dazu gerne Champagner. In schlichten Wassergläsern serviert. Der pensionierte Oberkellner des „Sacher" erinnert sich heute noch an den Ausspruch eines aristokratischen Stammgastes: „Was glauben s´, mein Lieber, wenn uns die Leut´, die da draußen vorbeigehen, beim Schampagnisieren seherten – was täten sich die denn womöglich über uns denken ..."
Die kleinen Leute, die sich´s schon leisten können, fahren Sonntag Mittag raus in den Wienerwald. Nach Alland oder Thallern. In eine der glückselig machenden Backhendlstationen. Am Kiesparkplatz neben der Terrasse mit den *Sinalco*-Sonnenschirmen die sonntags immer aufpolierten Wirtschaftswunder-Wagen: DKW, Opel Rekord, Mercedes 190. Vielleicht sogar ein eleganter Ford Taunus 12 M – mit Weißwandreifen und der kleinen bunten Weltkugel auf der Kühlerhaube. Die bescheideneren Exemplare werden vom gestrengen Parkplatzsheriff nach hinten, zu den Toiletteanlagen mit der grantigen Klofrau auf dem Stockerl vor dem Eingang, gewiesen. Lloyd 600, Goggomobil, Steyr-Puch 500. Daneben die gelbe 3-Rad-Isetta und einige Mopeds, die *Schlurfraketen*: KTM-Mecky, Sissy oder Puch S 4.

Eine illustre Gesellschaft hat sich heute unter den mächtigen Kastanien wieder eingefunden – alle in Vorfreude auf *Frittatensuppe, Backhenderl mit Erdäpfelsalat und Topfenknöderln*: Die beiden Damen im Sonntags-Kostüm, deren Männer im Krieg geblieben sind, abgeklärte Ehepaare mit lästigem Nachwuchs, frisch Verliebte mit großen Ambitionen, zufrieden wirkende Herren mittleren Alters. Auch mit Ambitionen. In blonder, nicht mehr ganz junger Begleitung.

Die goldene Backhendlzeit. Essen und Trinken als Freude des Lebens. Karl Korinek erinnert sich an die Ära des Wiederaufbaus Österreichs in seinem Buch „Der Onkel Julius". Auch an den niederösterreichischen Landeshauptmann Johann Steinböck, eine Persönlichkeit von beeindruckendem Ausmaß. Von ihm stammt der berühmte Ausspruch: „A Ent´n is a blödes Viech – ane is z´wenig und zwa san z´vül."

Die goldene Backhendlzeit. „Das neue, das junge Österreich" (Leopold Figl). Hoffnung. Aufbruchsstimmung. Wir sind zufrieden. Und halten uns an Rudolf Schock, der durch den Äther trällert *Man soll das Leben durchs Champagnerglas betrachten.* „Es geht uns gut" – urteilt die „Große Österreich-Illustrierte".

Im Herbst des Jahres 1957 liest man: „Die Tische biegen sich und die Geschäftsleute haben alle Hände voll zu tun. Im Vergleich zum Vorjahr werden um 55.000 Kilo Geflügel mehr gegessen – dabei erwartet man für die kommenden Weihnachtswochen noch eine Steigerung von mehr als 20 Prozent." Die schlanke Linie ist noch nicht in Mode. Wir wissen, Essen und Trinken hält Leib und Seel´ z´samm. Und so manch übergewichtiger Herr – „A leerer Sack steht net" – lässt den Sonntag zufrieden bei Mokka, Malakofftorte und Magenbitter ausklingen.

Auch Prominente lassen sich´s gut gehen. Helmut Touzimsky, legendärer Delikatessen-Lieferant der Wiener Gesellschaft – er organisierte für Herbert von Karajan Spargelessen, für Giuseppe *Pippo* di Stefano, der im Rolls Royce vorfuhr und lautstark im bodenlangen Nerzmantel das Geschäft betrat, Nachschub an Kaffeedosen und für den Milliardär Flick stets einen *roten* und *weißen Presssack* – erinnert sich an Begegnungen mit seiner kulinarischen Klientel. Beim Artaker am Stephansplatz, beim Meinl am Kärntnerring und danach am Graben.

So bestellte Curd Jürgens für jeden Wien-Aufenthalt in sein

Heinrichshof-Appartement an der Ringstraße „eine Kiste Bier und 24 Flaschen Fernet Branca". Und für den nächsten Flug eine Getränkebox mit einer Flasche „VAT 69" und zwei Whisky-Gläsern. Poldi Waraschitz, *Schnorrerkönig* und Jürgens-Intimus, hielt gerne Hof in der „Sauna im Grünen" im Prater. Der junge Touzimsky musste auf Bestellung des Wiener Originals immer wieder eine Kiste Wassermelonen liefern. Mit dem Fahrrad. Für Pfänderspiele der Herren mit blonden Starlets und angehenden Mannequins, bei denen die Meinl-Melonen im Pool die Hauptdarsteller waren.

Auch Künstlerlokale wie die „Adebar", Treffpunkt der Wiener Bohème, wurden beliefert: Täglich 60 Eier, 1 kg Hamburger Speck und 3 kg Kaffee. Geld gab es dafür nie – nur ein *Paragon* wurde unterschrieben. Bis eines Tages die Meinl-Geschäftsführerin Barbezahlung einforderte. In der Bar wusste man einen Ausweg – ein signiertes Aquarell des jungen Friedensreich Hundertwasser. Doch die Chefin blieb hart: „Mit dem Papierl könn´ ma wirklich nix anfangen, die G´fraster soll´n endlich zahl´n ..."

Großzügiger war ein damals schon berühmter Maler.

Während eines Wien-Besuchs beauftragte er den Dirigenten der Delikatessen Touzimsky: „Hier sind 10.000 Schweizer Franken, versorgen Sie meinen Bruder. Aber geben Sie ihm nur Mehl, Reis, Butter, Zucker, die Grundnahrungsmittel halt. Mein Name ist Oskar Kokoschka." Bruder Bohuslav wurde daraufhin mehr als zehn Jahre lang gesättigt.
Eines Tages kam es zur Begegnung mit Thomas Bernhard. Vor dem Käsestand im Feinkostreich am Graben. Ein knapper Dialog. Bernhard: „Der Käse stinkt." Touzimsky: „Naturgemäß".

Die kurze, kulinarische Reise durch die Stadt, die schon immer eine hervorragende Kulisse für große Gefühle und hemmungsloses Genießen abgegeben hat, ist zu Ende.
Nur in dieser seltsamen, verfressenen, wunderbaren Stadt Wien ist ein Monologende wie bei Arthur Schnitzler möglich. In Erwartung des bevorstehenden Duells meint „Leutnant Gustl" launig: *... na wart´, mein Lieber, wart´, mein Lieber! Ich bin grad´ gut aufgelegt ... Dich hau´ ich zu Krenfleisch!*

GENUSS IM BILD

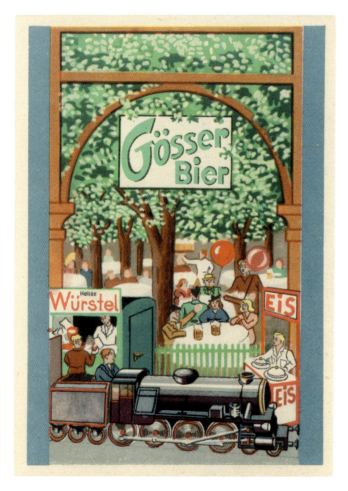

Seit seiner Eröffnung 1766 war der Prater stets ein beliebtes Ausflugsziel und Naherholungsgebiet der Wiener. Schon 1403 wurde der „Pratter" urkundlich erwähnt und soll wegen der langgestreckten Form seinen Namen von „brataere" - Bratenspieß erhalten haben.

Ich mußte die letzte Woche jeden Abend zweimal soupieren: Mit der einen, die ich gewinnen – und mit der andern, die ich loswerden wollte ... Es ist mir leider noch keines von beiden gelungen ...

ARTHUR SCHNITZLER

In Wien bekommt man, genau genommen, in allen Restaurants nur Gulasch zu essen, aber es schmeckt immer anders. In Berlin bekommt man alles, was es gibt: Austernpastete, warmen Hummer, Ananascrème, gebratene Trüffeln – aber es schmeckt alles wie Sülzkotelett.

EGON FRIEDELL

Wiener Praterfreuden: Dazu gehörten nicht nur das Eisenbahnringelspiel, das Dampfwagen-Karussell, der Schießstand und ein ausgestopfter Walfisch, sondern auch „Pipperln, Papperln und Pupperln".

Wien war, man weiß es, eine genießerische Stadt, aber was bedeutet Kultur anderes, als der groben Materie des Lebens ihr Feinstes, ihr Zartestes, ihr Subtilstes durch Kunst und Liebe zu entschmeicheln? Feinschmeckerisch im kulinarischen Sinne, sehr um einen guten Wein, ein herbes frisches Bier, üppige Mehlspeisen und Torten bekümmert ...

STEFAN ZWEIG: „STADT DER GENIESSER"

Wien: Im Prater.

*In Europa weiß man von
Wien, daß dort immer
Sonntag ist, immer am Herd
sich der Spieß dreht …
die Stadt der Backhendel,
der feschen Fiaker und der
weltberühmten Gemütlichkeit.*

HERMANN BAHR: „WIEN"

Aufmerksamkeit ist die Quelle von Trinkgeldern.

PETER ALTENBERG

Grüsse aus
LEICHTS VARIETE, K. K. PRATER
wo stets jeden Sonn. und Feiertag das
Neueste Programm zu finden ist, sowie
beste Küche und echten Bauernwein.

Zwei- bis dreimal wöchentlich kam Jeannette des Abends zu mir. Manchmal nachtmahlten wir vorher zusammen in irgendeinem Restaurant – im Römischen Kaiser oder im Riedhof, anfänglich, an schönen Herbstabenden in Pratergärten ...

ARTHUR SCHNITZLER: „JUGEND IN WIEN"

Essen ist meine Lieblingsspeise.

                FRIEDRICH TORBERG: „TANTE JOLESCH"

Gestern, mein Schatz, waren wir im Prater ... haben wahnsinnig gedraht, sind nämlich im Schweizerhaus gesessen, haben Backhendeln mit Gurkensalat und Salami gegessen, und sind dann – bitte nicht verhöhnen! – auf der Rutschbahn gefahren, dabei ereignete sich nicht das geringste Stubenmädchen, und alle Backen blieben ungekniffen.

ARTHUR SCHNITZLER:
„BRIEF AN ADELE SANDROCK"

Ich mag halt reden, von was ich will, ich komm mmer aufs Essen zurück. Selbst wie ich noch im Wald war, wenn's geschneit hat, und ich bin auf dem Feld gestanden, ist mir die ganze Erden vorkommen, als wenn's ein großer Tisch wär, wo ein weiß' Tischtuch drauf ist, und alle Leut auf der Welt zum Essen eingeladen wären.

FERDINAND RAIMUND: „DER BAUER ALS MILLIONÄR"

„Liebe Pia ..." Launige Grüße auf einer Ansichtskarte aus dem Kulmbacher-Bräuhaus, 1898.

Anlässlich der Ausstellung „Venedig in Wien" 1896/97 wurde die wohl berühmteste Attraktion des Praters errichtet: das Riesenrad.

Im Haus schmeckt einem der beste Trunk nicht, im Wirtshaus muss man sein, da ist das schlechteste Gesäuf ein Hautgout.

JOHANN NESTROY:
„LUMPAZIVAGABUNDUS"

Vom gebackenen Seefisch beim Stadtbummel zwischendurch bis zum Sonntags-Festtagsbraten zuhause (1966).

Präzise Anweisungen an das Personal an der Bierschank – von Küberln entleeren bis Aufwischen und Kehren (1970).

```
Lud

                Budweiser Schank            12.VI.70
Bei Beginn /am Morgen/:

    Tropfoierkübeln unter der Schank entleeren
    Eiserzeuger-Schmelzwasser entleeren
    alle Gläser mit Bürste waschen, die vom Vortage
    sind.
      Gläserstand überprüfen eventuell ersetzen
    Fussbodenbretter in der Sonne trocknen, den
    asphaltboden trockenlegen
 7. Bier          reinigen, eventuel auskochen
 8. Leerfässer aus dem Keller herraubringen
 9. Büffetschank mit Bier und Wein versorgen,
    eventuell auch die Gläser ersetzen
    Nach Witterung den Eiserzeuger einschalten
    und jede halbe Stunde Eiswasser entleeren.
    Nach Witterungsart Schanksäule mit Eis ver
    soregen, darinbefindliches Wasser eventuell
    entleeren.
    Tücher am Platz geben
    Handtücher wechseln
    Einmal in der Woche die Bierleitungen mit
    Hilfe des Leitungswaschapparates waschen
    Gläserwaschautomat mit Waschpasta versoregn
    Urzeit kontrollieren
    Aufwischen und Kehren
```

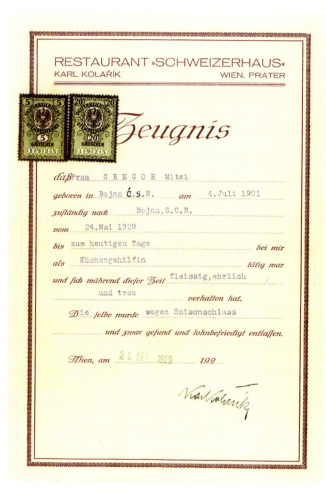

Zeugnis für die Küchengehilfin Mitzi Gregor aus dem Jahre 1929. Schweizerhaus-Patron Karl Kolarik attestiert, dass sich Fräulein Gregor „fleissig, ehrlich und treu" verhalten hat.

„Entweder an Schweinsbraten, oda a Wiener Schnitzerl, oder a Gulasch oder a Beinfleisch ... und wannst ganz untn an die Speisekarten kommst, a Beuscherl mit Knödel. I sags halt, a Jammer is mit derer Fresserei. Mir waxt des allers schon zum Hals außer!"

H. C. ARTMANN: „GRAMMATIK DER ROSEN"

Wir wollen unterwegs Erdäpfel essen, daß uns der Staub bei die Ohren herausfährt.

JOHANN NESTROY

Die besten Vergrößerungsgläser für die Freuden der Welt sind die, aus denen man trinkt.

JOACHIM RINGELNATZ

Es gibt kein schöneres Gefühl als den Hunger kurz bevor man zur Speisekarte greift.

SIR PETER USTINOV

Wenn das Volk nur fressen kann! Wie s' den Speisenduft wittern, da erwacht die Esslust, und wie die erwacht, legen sich alle ihre Leidenschaften schlafen; sie haben keinen Zorn, keine Rührung, keine Wut, keinen Gram, keine Lieb', keinen Haß, nicht einmal eine Seel' haben s'. Nix haben s' als ein' Appetit.

JOHANN NESTROY

An der Quelle

*Restaurants sind
Gelegenheiten, wo
Wirte grüßen,
Gäste bestellen
und Kellner essen.*

KARL KRAUS

*Bernhardiner ist das letzte,
was ich sein möchte.
Dauernd die Flasche am
Hals, und niemals
trinken dürfen.*

JOACHIM RINGELNATZ

*Ein leerer Magen
ist ein schlechter Ratgeber.*

ALBERT EINSTEIN

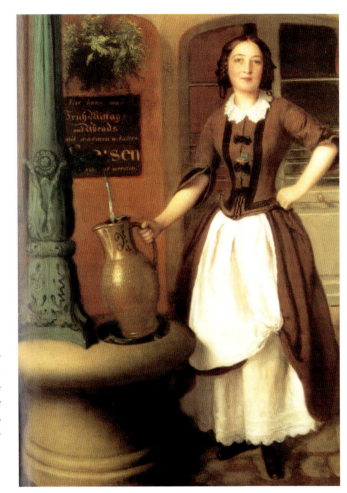

links:
„Stadtgreißler in Wien"
von Ernst Graner (1906);
rechts: „Die Wirtin vom
Schwarzen Rößl" von
Johann Baptist Reiter (1860),
WIEN MUSEUM.

Alfred Gerstenbrand: Heurige am Nußberg und in Sievering.

Geh'n ma halt a bisserl unter,
Erstens kann uns eh nix g'schehen,
Zweitens ist das Untergehen
's einzige, was der kleine Mann
Heutzutage sich leisten kann.

JURA SOYFER

Alfred Gerstenbrand: Die Musik spielt auf, danach der beschwingte Heimweg.

*I hab die schönen Madln net erfunden,
der gute Wein is auch net mei Patent,
i bin net schuld an den gewissen Stunden,
wo man vor Glück fast aus der Haut fahren könnt.*

WIENERLIED-KLASSIKER

der alte vielfraß
steht schon mit dem fuß im grabel
hält noch im handel eine gabel

ERNST JANDL

Kleiner Speisesaal im Restaurant Hopfner
Wien 1, Kärntnerstraße 61.

Dick sein ist eine Weltanschauung.

KURT TUCHOLSKY

*Hopfner`s Graben-Restaurant
Wien 1, Trattnerhof.*

*Als wir noch dünner waren
standen wir uns näher.*

KURT TUCHOLSKY

*Hopfners Chambre separée,
Wien 1, Kärntnerstraße 61.*

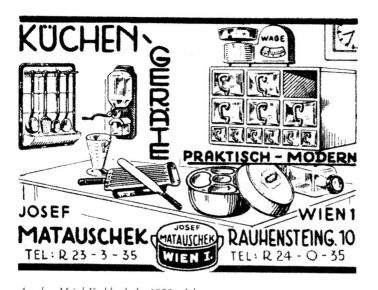

Aus dem Meinl-Kochbuch der 1950er Jahre:
„Es sollten nur praktische Küchenbehelfe gekauft werden, aber dann mit Zähigkeit alles aus ihnen herausgeholt werden, was sie uns geben können. Wenn man Geräte aber wahllos kauft, nicht genügend ausprobiert und dann beiseite stellt, werden nur Kasten und Laden unnütz mit Kram gefüllt."

„*Das Frühstück des Kindes: Von großer Wichtigkeit ist, daß die Schokolade oder der Maltin-Kakao, das Lieblingsgetränk der Kleinen, recht gut zubereitet wird.*"

Das Frühstück des Kindes

„Backregel aus dem Hause Haas – denn mit Haas-Pulver wird jede Mehlspeise schmackhafter, flaumiger und leichter verdaulich: Von Haas-Pulver soll nicht zu wenig, braucht aber auch nicht zu viel genommen werden."

*In der Zwischenkriegszeit treffen
sich die „besseren Leut'" im
Schloßhotel Kobenzl.
Bild aus dem Jahre 1928.*

*Zu Hause schmeckt
am Nachmittag das
Schalerl Kaffee.*

*Über die Höhenstraße hinauf auf den Kahlenberg –
Blick über die Wienerstadt.*

VOLKS- UND CAFÉ-RESTAURANT „KRAPF
G. RUSTLER & L. PELIKAN.

Und der Frack, den er jeden Tag anzieht, ist bereits aus einem beruflichen Gewand zu einem symbolischen geworden.

JOSEPH ROTH: „DER ALTE KELLNER"

links: Volks- und Café-Restaurant „Krafenwaldl", Wien 19;
rechts: Wiessinger's Caffee und Restaurant „Steinbruch" in Ottakring.

*Und weil der Mensch ein Mensch ist,
drum will er was zu essen, bitte sehr!*

BERTOLT BRECHT

*Gasthof „Zum schwarzen Adler" am Rudolfsheimer Markt.
Alt-Wiener Postkarte von Hermann Schmid.*

*Das Gemäß bestand aus einem überaus dickwandligen Gläschen, in dessen innerster Mitte nur der goldgelbe Schein leuchtete, nicht mehr als in einen Fingerhut gehen mag ... „Guter Freund", sagte der Rittmeister, „hier wird eine Multiplikation vonnöten sein, mindestens mit vier, wolln ma mal sagen."
„Wie meinen der Herr?" fragte der Ober mit der zeremoniösen Höflichkeit alter Schule. „Nun", entgegnete Eulenfeld behaglich, und hob das verhältnismäßig schwere Gläsl ein wenig empor, „wir wollen das hier bestehende Verhältnis zwischen Glas und Flüssigkeit umkehren. Tun Sie also, Verehrtester, deren ein vierfaches Quantum in ein diesbezügliches Gemäß; dann wolln ma weitersehen." „Jawohl, Herr Baron", sagte der Ober und übersetzte nun gleichsam Eulenfelds umständliche Ausdrucksweise in die kürzere Geschäftssprache: „Vier Cognac in einem Glas" ...*

HEIMITO VON DODERER: „DIE STRUDLHOFSTIEGE"

Grand Hotel Wien. Kärntnerring 9.

„Einen Casali Feuerteufel und einen Glühwürmchenlikör, Herr Wolf, bitte sehr!" sagte er zum Ober. Dieser setzte hinzu: „Und was zum Papperln, gnä Herr, eine Flecksuppe mit eingemachten Lapperln gefälligst, ein Martiniganserl à la Bonheur, gnä Herr von der Vögelscheide?"

GÜNTER BRUS

Neues Orpheum. Restaurant Neufellner.
Wien 15, Lerchenfeldergürtel 55: „Täglich Variété".

*Brutzelnd, brätelnd und braun vom
prasselnden Brande des Bratherds;
Prangte die prächtige Schnitte,
verbrämt mit der breitesten Borte;
Schwellenden Rückenfetts von der
helleren Farbe des Bernsteins.
Riesig ragte die Rippe, umrillt von
der weißen Manschette;
Über den Rand des Ovals, indessen
das knusprig gebratne Fleisch, das unter
der Kruste die zarteste Faserung aufwies;
Herrlich vom kümmel- und
knoblauchgesättigten Saft umspült war.*

ANTON WILDGANS: „KIRBISCH"

Meierei im Stadtpark.

*Der Magen empfange ausschließlich Pürees!
Den edlen wunderbaren mysteriösen
Verdauungs-Säften ihre Arbeit erleichtern,
ist die Sache, der Wunsch des kultivierten
Menschen!*

PETER ALTENBERG

Im Wein liegt die Wahrheit, im guten Essen die Liebe. Der Betrunkene spricht, wie ihm ums Herz ist, der Begessene hat plötzlich ein Herz, das er früher nicht hatte. Nachsicht, Verstehensfreude, Lust zur Gerechtigkeit überkommen ihn. Brücken der Sympathie spannen sich in Nähe und Weite, ein rosaroter Nebel verkürzt die Entfernungen und verdeckt Abgründe, und der Mensch ist gut. Seine Zunge setzt die zugeführten Kalorien in Geschwätz um, anders als die Zunge des Trunkenen, die Inhalt verschüttet aus der vollen Schale des Bewusstseins und zum Vorschein bringt, was auf dem Grunde lag.

ALFRED POLGAR: „BEI LICHTE BETRACHTET"

Im Maximiliankeller wird dem Gast bekundet, dass er 10 Krügel Bier geleert hat. Wien, 9.12.1910, Maximilianstraße 2.

6. März 1976
> *Keine Karotten essen –*
> *nachher hat man Lust auf nichts mehr.*

12. März 1976
> *Staubzucker auf den Schuhen*
> *vom Krapfenessen.*

19. März 1976
> *Schöner Moment, als ich fast gerührt*
> *den Essensgeruch in meiner Wohnung*
> *wahrnahm (gerührt, obwohl der Geruch*
> *einmal nicht von mir stammte).*

31. März 1976
> *Alle Weingläser sind während der*
> *Mietzeit zerbrochen – jetzt ist es*
> *wirklich Zeit zum Umziehen.*

Januar 1977
> *Eingerissene Mundwinkel vom Apfelessen*
> *(so große Äpfel).*

PETER HANDKE: AUS DEM JOURNAL „DAS GEWICHT DER WELT"
(NOVEMBER 1975 – MÄRZ 1977)

Jagdzimmer im Restaurant Linde, Wien 1, Rotenturmstraße 18

*Man soll dem Leib etwas Gutes bieten,
damit die Seele Lust hat, darin zu wohnen.*

JOHANN NESTROY

Elysée-Bar, Wien 1, Walfischgasse 2.

Die Adebar: Der legendäre Treffpunkt von bildenden Künstlern wie Ernst Fuchs, Friedensreich Hundertwasser und Arnulf Rainer im Nachkriegs-Wien.

*Wenn ich mir meinen Verdruß nit versaufet,
ich müsst mich grad aus Verzweiflung
dem Trunk hingeben.*

JOHANN NESTROY

Wenn nicht das bissel Essen wär' ...

JOSEF WEINHEBER

Schade, daß man Wein nicht streicheln kann.

KURT TUCHOLSKY

*Die schönste Gegend
ist ein gedeckter Tisch.*

JOHANN NESTROY

Carl Moll „Gedecker Tisch" (um 1910).

Das Kaffeehaus ist das Laster des Wieners. Es gibt in Wien wenige Alkoholiker und noch weniger Morphinisten, aber viele tausend Kaffeehaussüchtige. In das Kaffeehaus flüchtet man vor der Familie, vor den Frauen, nach den Frauen ...

OTTO FRIEDLÄNDER

*Das Café Wien,
Ecke Schlösselgasse/Alserstraße
(um 1910).*

An einem Wintersonntag nachmittags in einem Wiener Kaffeehaus, eingepfercht zwischen kartenspielenden Vätern, kreischenden Weibern und witzblattlesenden Kindern, kann man von einem solchen Gefühl der Einsamkeit erfasst werden, dass man sich nach einem wechselvollen Leben sehnt, das um diese Stunde in der Adventbai herrschen mag.

KARL KRAUS

Ob im Kaffeehaus oder beim Lieblings-Wirten: Das gemütliche Kartenspiel wird von den meisten Wienern dem hektischen Nachtbetrieb vorgezogen.

oben: Strobls Wirtshaus „Zur schwarzen Katze", Hernalser Hauptstraße/Ecke Weissgasse (1925).
unten: Stolz ist die gesamte Mannschaft des Vorstadt-Wirtshauses anlässlich der Neueröffnung vor dem Lokal angetreten.

Speisekarte des legendären Rindfleisch-Tempels „Meissl & Schadn". Im August 1923 kostet das Beinfleisch (22.000 Kronen) noch mehr als der Tafelspitz (20.000 Kronen).

Hotel Meissl & Schadn, Wien.

1 Flasche Liesinger Lagerbier . . 3·9	Kl. Flasche Gießhübler . . . . 7·5	
1 " Spatenbräu . . . . . . 8·6	" " Preblauer . . . . 5·5	
1 " Doppel-Malzbier . . . . 4·3	" " Selters . . . . 5·55	

Mittag-Karte

Suppen

Leberpüree . . . . 3·5
Schöberl 2.5
Ulmergerstel 2
Bouillon en tasse . . . . 1·5

Fische

Fogas vom Rost, sc. remoulade . . 35
Schill gekocht, sc. tirolienne . . 40
Sandre à la Diplomat. 40
" à la Meunière 40

Kalte Vorspeisen

1 Terrine Gänsleberpastete
(für 2-3 Personen) 35
Eier mit Mayonnaise 10
Filet de boeuf sc. tatare 35
Kalbsbraten 20
Sardinen 8
Lachs, geräuchert 18
Schinken 20
Feiner Aufschnitt 35

Warme Vorspeisen

Tomaten in Teig gebacken 10
Champignons à la Crème 18
Choux de Bruxellés polonaise . . . 15
Oeufs sur le plat „Meyerbeer". . . 15
Omelette à la Paysanne. 12
Oeufs frits. sc. bordelaise. . . . 15

Tagesspeisen

½ steir. Huhn gebraten 30
½ Fasan mit franz. Salat. 35
1 Rebhuhn mit Specklinsen 32
½ Poulet frit 25
" " sauté „Stanley". . . 35
Rindfleisch m. Paradeissoße . . . 20
Rindfleisch mit grüne Erbsen . . . 21
Tafelspitz . . 20 Beinfleisch. . 22
Boeuf braisé m. Schinkenmakkaroni 24
Ged. Kalbsleber mit Risi-bisi . . 22
Schwäb. Rostbraten m. Kartoffeln .30
Hammelkeule halbgebr. m.gr. Bohnen 25
Kalbsbraten 22
Gefüllte Kalbsbrust 22
Schweinskarree. 26
Eingemachtes Kalbfleisch 16
Filet de lièvre à l'Estragon . . . 45
Filets mignons „Labory" 45
Médaillons de veau Portugaise. . . 26
Foi gras aux fines herbes 30
Cervelles de veau St. Cloud . . . 20
Rumpsteak à la Moelle 30
Steak de veau au lard 32
Wiener- oder Naturschnitzel 29

Gemüse

Grüne Erbsen. 10
" Fisolen 6
Kohl 4
Kochsalat 4
Kartoffel mit Butter 4
Kohlrüben 4
Kürbiskraut 4
Rotkraut 5
Spinat 4
Heuriges Kraut. 5
Karotten 4
Reis 5
Makkaroni 4
Pommes de terre sautées 5
" " frites. 7

Salate

Gurkensalat 6
Häuptel 4
Französischer, Mayonnaise 6
Gemischter 5
Essigkrenn 3
Kartoffel 4
Rote Rüben 3
Heurige Salzgurke 8

Kompotte

Ananas 15
Ananaserdbeeren, Pfirsiche. 10
Gemischtes 10
Gedünstete Birnen 8
Ged. Kirschen, Marillen. 8
Schwarze Pflaumen 4

Mehlspeisen

Erdbeerpudding 8
Portugieserreis 8
Pflaumengateau 7
Mannheimerschnitte 7
Schokoladetorte 8
Eiscrème 6

Obst

Zuckermelone 10
Pfirsiche . . . . n. Gr.
Gemischtes Obst 18
Weintrauben 10

Käse

Emmentaler 7
Camembert 6
Gervais 4
Gorgonzola 5

Kaffee

Mocca . . . 2·5   Türkischer . . . 3·5

Die Preise verstehen sich in tausenden von österr. Kronen

*Halt' mir die Beisln,
damit sie überleben,
sie sind das Rückgrat
der Intelligenz.*

HEIMITO VON DODERER

*Heimito von Doderer in seinem Lieblingslokal,
dem Gasthaus „Zur Stadt Paris". Neben dem
Schriftsteller die Wirtsleute Blauensteiner.*

Schafberg, Fasslrutschen in Johann Hallers Gasthof „Zur schönen Aussicht" um 1910.

Ende des 19. Jahrhunderts werden Milchtrinkhallen modern.

Beim Heurigen Feuerwehr-Wagner in Heiligenstadt.
Seit mehr als hundert Jahren wird hier ein gutes Tröpferl gepflegt.

Gruppenbild mit kritischen Herren, die den Gemischten Satz wohlwollend gekostet haben. Prost.

*Das is a Wein, mit dem bin ich
per du, ich schenk ihn ein
und er lacht mir zu ...*

Weinlese in Heiligenstadt im Herbst des Jahres 1901.

Warum gibt's im Himmel kan heurigen Wein? ...

Heurigenpartie in Hernals, 1914.

Ober, sehen Sie doch bitte nach, ob Ihr Kollege, bei dem ich ein Schnitzel bestellt habe, noch im Hause ist ...

MAXI BÖHM

Man will ein wenig unter Menschen sein, möchte einmal im Freien essen. Man ist in der friedlichsten Stimmung, aber das hilft nichts: Man muß Krieg führen. Mit dem Praterkellner. Der Krieg beginnt sofort, wenn wir uns in diesem menschengefüllten, von Musik, Geschrei, Tellerklappern und Gläserklirren durchtobten Garten niederlassen. Und der Krieg entsteht deshalb, weil du annimmst, du seist der Gast, während der Praterkellner zu erkennen gibt, dass er dich für einen zudringlichen Kerl hält. Der Praterkellner leugnet zunächst deine Anwesenheit ... Das ist seine Technik, gegen dich zu kämpfen. Du schlägst mit dem Stock auf den Tisch, bimmelst mit dem Salzfaß gegen ein Bierseidel, zischst durch die Zähne, stößt gellende Schreie aus ... Knapp bevor du vor Wut in die Luft gehst, erscheint dein Gegner, bringt die Speisenkarte, und während er sie vor dir ausbreitet, mit einem Bleistiftstümpfchen darin herumfährt, macht er dir die Mitteilung, dass es keinen Schweinsbraten mehr gibt ... Praterkellner. Das ist eben eine besondere Gattung. Sie sind irgendwie dem „Pülcher" von der Burgmusik verwandt. Sie sind urwüchsig, ungeschliffen, naiv. Sie machen den Eindruck von geborenen Müßiggängern, die gleichsam nur aus Perversität arbeiten ...

FELIX SALTEN: „PRATERKELLNER"

links: Das Prachtexemplar eines typischen Wirten. Aus der Serie „Wiener Typen" von Otto Schmidt. rechts: 1925: Fleischhauermeister Johann Ertl und Belegschaft vor seinem Geschäft in Wien 8, Florianigasse 61. Selbstverständlich gibt es frische Blutwürste und „echten Prager Schinken".

DIE WICHTIGSTEN FLEISCHSTÜCKE VOM
RIND

Tafelspitz

Weißes Scherzl

Schwarzes Scherzl

Beinscherzl

Hüferschwanzl

Hüferscherzl

Lungenbraten
Mittelstück mit Kopf

Kruspelspitz

DIE WICHTIGSTEN FLEISCHSTÜCKE VOM
SCHWEIN

Schlegel mit Schlußbraten

Schweinsschulter

Bauchfleisch

Schale

Schweinsbrust

Schopfbraten

Schweinskarree (abgezogen)

Schweinskarree

*HAVLITSCHEK:
„Sagt das dumme
Luder nicht, dass
meine Blutwurst
nachgelassen hat –
meiner Seel, am
liebsten tät ich so
was abstechen,
und wenn es dann
auch mit dem
Messer in der
Gurgel herum-
rennen müsst,
wie die gestrige
Sau, dann tät
mich das nur
freuen! "*

ÖDÖN VON HORVÁTH:
„GESCHICHTEN AUS
DEM WIENER WALD"

Am Schönsten ist es in Grinzing am frühen Nachmittag – das erste Vierterl und man lässt den Herrgott einen guten Mann sein ...

Wenn ich die fröhlichen Nächte addier´, die ich verdraht hab´ beim Wein und beim Bier; Kinder da kommt eine Summe heraus, die ist so hoch wie ein dreistöckiges Haus ...

AUS DEM WIENERLIED „KINDER, WEG´N MIR BRAUCHT´S KA TRAUERG´WAND"

Alfred Gerstenbrand: Abschiedsmusik – Heimkehr vom Heurigen.

15 SPITZENKÖCHE PRÄSENTIEREN ALT-WIENER REZEPTE

FOTOS VON THERESA SCHREMS

DIE KÖCHE

Martha Grünauer
Joachim Gradwohl
Christian Wanek
Josef Sajowitz
Elfriede Fazekas
Heinz Reitbauer jun.
Alexander Mascha
Maria Zarl-Eckel
Johann Herzog
Kurt Kastner
Karl Riedler
Berta Meixner
Martin Lang
Oliver Scheiblauer
Hans-Peter Fink

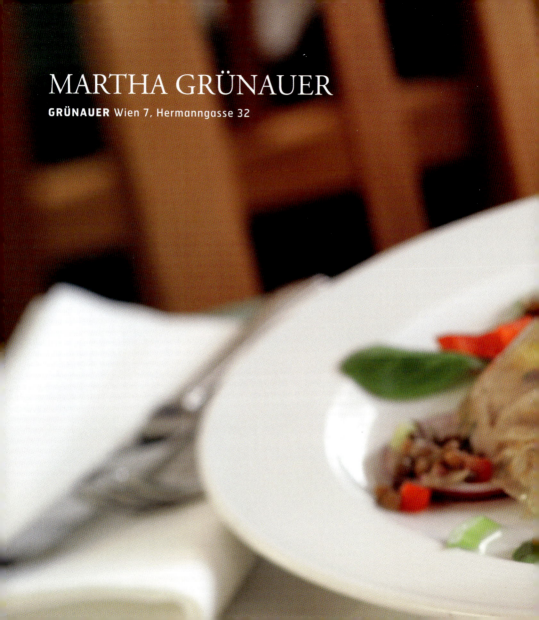

MARTHA GRÜNAUER

GRÜNAUER Wien 7, Hermanngasse 32

Wiener Tellersulz vom Spanferkel

WIENER TELLERSULZ
vom Spanferkel

1 kg Spanferkelkopf, Schwarteln und Zunge, insgesamt
1/3 Schwarteln und 2/3 Fleisch
Salz
5 Pfefferkörner
3 Knoblauchzehen
2 Lorbeerblätter
5 Stk. Piment
1 Zwiebel
20 dag Wurzelwerk
3 EL Essig
Wasser

Alle Zutaten langsam weich kochen. Das Fleisch, die Schwarteln und die Zunge aus dem Sud nehmen, diesen aufbewahren. Das Kopffleisch in Stücke schneiden, die Schwarteln und die Zunge in feine Streifen, das Gemüse klein würfeln. Den Sud abseihen, pikant abschmecken und entfetten. Fleischstücke und Gemüse mit dem Sud vermischen, Essig dazugeben und in Porzellanteller füllen, kalt stellen. Zum Essen aus dem Teller stürzen, mit Zwiebelringen, Essig und Öl oder mit Linsensalat garnieren.

GESCHMORTE KALBSVÖGERLN
mit Schalotten

1 kg Kalbsvögerl
2 Zwiebeln
30 dag Wurzelwerk
1 EL Tomatenmark
Salz, Pfeffer, Öl
1 Knoblauchzehe
7 Schalotten
Lorbeerblatt
Thymian
1 Gewürznelke
5 Pfefferkörner
1 Scheibe Schwarzbrot
1/8 l Zweigelt
1/2 l Suppe
1 EL glattes Mehl

Kalbsvögerln salzen und pfeffern. Zwiebel, Knoblauch, Wurzelwerk putzen und in kleine Würfel schneiden. Schalotten halbieren. Fleisch anbraten und aus dem Topf heben. Zwiebel, Knoblauch, Wurzelgemüse und Schalotten im Bratrückstand kräftig anbraten, Tomatenmark mitrösten. Mit Wein und Suppe aufgießen, Gewürze und Schwarzbrot dazugeben. Im Backrohr bei 200 Grad zirka 40 Minuten schmoren. Mehl mit 1 EL kaltem Wasser verrühren und damit den Saft binden. Nochmals 10 Min. einkochen lassen.

ALLE ZUTATEN SIND FÜR 4 PERSONEN BERECHNET.

MEIN KÜCHENTIPP:

Die Sulz immer kalt aufstellen, damit auch der Sud würzig wird. Unbedingt langsam kochen, Sud wird klarer. Wer mag, kann auf den Tellerboden gekochte Eierscheiben legen.

WIENER SCHLOSSERBUBEN

16 Dörrzwetschken
etwas Rum
16 ganze geschälte
Mandeln
Zimt, Zucker
Marzipan

Backteig:
12 dag glattes Mehl
2 Eier, 1 EL Öl
ca. 1/8 l Milch
Prise Salz
2 dag Zucker
Fett zum
Herausbacken
10 dag dunkle
Schokolade
5 dag Staubzucker

Dörrzwetschken am besten über Nacht in kaltem, mit etwas Rum gemischtem Wasser einweichen. Kern entfernen, durch je eine abgezogene in Marzipan gewickelte Mandel ersetzen. Mit Zucker und Zimt bestreuen. Für den Backteig die Eier trennen, das Mehl in eine Schüssel sieben, mit Eidotter, Öl, Milch, Salz und Zucker zu einem glatten Teig verrühren. Diesen mindestens 1 Stunde lang rasten lassen. Eiklar zu steifem Schnee schlagen und unter den Teig heben. Das Backfett erhitzen. Die Zwetschken in den Teig tauchen, sodass sie vollständig umhüllt sind. In das heiße Fett geben und goldgelb herausbacken. Herausheben und abtropfen lassen. In geriebener Schokolade mit Staubzucker wälzen. Noch warm servieren. Mit Staubzucker bestreuen.

ALLE ZUTATEN SIND FÜR 4 PERSONEN BERECHNET.

JOACHIM GRADWOHL

MEINL AM GRABEN Wien 1, Am Graben 19

Marinierte Forelle im Karottenfond mit Flusskrebsen

MARINIERTE FORELLE
im Karottenfond mit Flusskrebsen und Kren

4 Forellenfilets

Karottenfond:
3 Karotten
1 EL Weißweinessig
1/4 l Geflügelfond
2 Eiweiß

12 Flusskrebse

Kren
Schnittlauch
8 junge Karotten

Karotten faschieren und mit Weißweinessig, Geflügelfond und dem Eiweiß vermischen und langsam zum Kochen bringen (Klären). Wenn der Karottenfond aufgekocht hat, 5 Min. ziehen lassen, abseihen und abschmecken. Die Flusskrebse in kochendem Salzwasser ca. 3 Min. abkochen, abgießen und ausbrechen. Die jungen Karotten schälen und in Salzwasser abkochen. Die Forellenfilets im Karottenfond 3-4 Min. pochieren, herausnehmen und warm stellen. Kopfsalat mit Olivenöl, Zitrone, Salz und Pfeffer marinieren. Die Flusskrebse und die Karotten im Karottenfond erwärmen und mit der Forelle und dem marinierten Salat, Kren und Schnittlauch anrichten.

ZANDERSCHWANZ
mit schwarzen Nüssen auf Sellerie

1 Zanderschwanz
1 Knollensellerie
1 Kartoffel
5 schwarze Nüsse
100g Walnüsse
Pommery-Senf
Geflügelfond
Zitrone
Olivenöl
Thymian, Basilikum
Salz, Cayennepfeffer

Sellerie schälen, in grobe Stücke schneiden und im Geflügelfond weich kochen. Die Sellerie herausnehmen und den Fond mit einer geriebenen Kartoffel binden, mit Salz, Pfeffer, Zitrone abschmecken und durch ein feines Sieb passieren. Den Zander auf beiden Seiten einschneiden, salzen, pfeffern, mit Thymian, Basilikum füllen und auf beiden Seiten anbraten und ca. 13 Min. bei 160° ins Backrohr schieben. Die schwarzen Nüsse mit kaltem Wasser abwaschen, fein hacken und die Walnüsse ebenfalls fein hacken. Den Zander aus dem Backrohr nehmen, mit Pommery-Senf bestreichen, mit Nüssen bestreuen, die Butter über den Fisch gießen und kurz im Backrohr gratinieren.

ALLE ZUTATEN SIND FÜR 4 PERSONEN BERECHNET.

MEIN KÜCHENTIPP:

Statt der marinierten Forelle eignet sich auch ein Waller oder St. Petersfisch, und wenn es frische Steinpilze gibt, würde ich die noch dazugeben.

MOHR IM HEMD
(Zutaten für 6 Personen)

80g Butter
80g Kristallzucker
80g Schokolade
80g geriebene Nüsse
20g Brösel
5 Eigelb
5 Eiweiß
1 Messerspitze Vanillezucker

Die Butter, die erweichte Schokolade, den Vanillezucker und die Hälfte des Zuckers schaumig schlagen und die Dotter nach und nach einrühren. Das Eiweiß mit dem restlichen Zucker zu Schnee schlagen und diesen abwechselnd mit den geriebenen Nüssen und Bröseln unter die Buttermasse ziehen. Die Masse in die gebutterten Formen füllen und im Wasserbad bei 180 Grad 45 Min. backen.

Schokosauce:
120g Obers
30g Butter
200g Schokolade (Valrhona-Schokolade 66%)
25g Kristallzucker
25g Wasser

Zucker, Wasser und Butter aufkochen, die Schokolade darin auflösen und zum Schluss das Obers einrühren.

ALLE ZUTATEN SIND FÜR 4-6 PERSONEN BERECHNET.

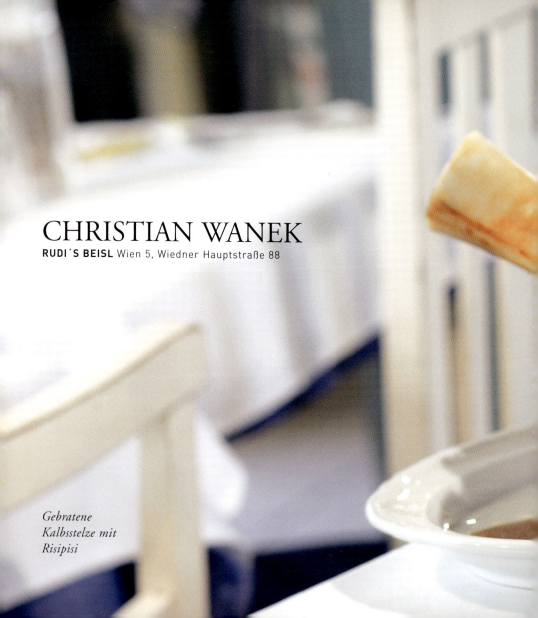

CHRISTIAN WANEK
RUDI´S BEISL Wien 5, Wiedner Hauptstraße 88

*Gebratene
Kalbsstelze mit
Risipisi*

WIENER ERDÄPFELSUPPE

20 dag rohe, geschälte Kartoffeln
5 dag Frühstücksspeck
5 dag Zwiebel
3 dag geschälte Karotten
3 dag geschälte Sellerie
2 dag Mehl
2 dag getrocknete Steinpilze in Wasser eingeweicht
1 1/4 l Rindsuppe
3 EL Sauerrahm
Salz, weißer Pfeffer
Knoblauch, Majoran
gemahlener Kümmel

Rohe Kartoffeln in 1 cm große Würfel schneiden. Zwiebel, Speck, Karotten und Sellerie klein würfeln. Speck in Butterschmalz anrösten, Zwiebel, Karotten und Sellerie dazugeben und kurz farblos mitrösten. Mehl beigeben, anschwitzen lassen und mit kalter Suppe aufgießen. Kräftig glatt rühren. Majoran, Knoblauch und eingeweichte Steinpilze dazugeben. Ca. 10 Minuten kochen lassen. Erdäpfelwürfel der Suppe beigeben und weiterkochen, bis die Kartoffeln kernig weich sind. Glatt geschlagenen Sauerrahm einrühren, mit Salz, weißem Pfeffer und einer Prise gemahlenem Kümmel würzen. Kochzeit: ca. 10 Min.

GEBRATENE KALBSSTELZE
mit Risipisi

1 hintere Kalbsstelze
1/2 kg Kalbsparüren (Abschnitte vom Kalbsschlögel oder -rücken – nicht jedoch von der Stelze selbst)
1/2 l Kalbsfond
4 EL Öl
Salz
frisch gemahlener weißer Pfeffer
Rosmarinzweig

Risipisi:
12 dag Reis
16 dag Erbsen
3 dl Wasser
2 dag Butter
4 dag Zwiebel
Salz
gekochte Petersilie

Stelze rundherum kräftig würzen. Das Fleisch mit einem Rosmarinzweig und Kalbsparüren in eine Bratpfanne legen. Mit Öl übergießen und in das vorgeheizte Backrohr stellen. Die Stelze unter ständigem Begießen braten. Nach ca. 30 Minuten mit etwas Kalbsfond untergießen. Bei halber Bratzeit (ca. 1 Stunde) Fleisch wenden. Der Saft bräunt sich während des Bratens, das Fleisch wird goldbraun glänzend. Fertige Stelze aus der Pfanne heben und an einen warmen Ort stellen. Bratensatz mit den Parüren auf dem Ofen nochmals reduzieren und mit Kalbsfond wieder aufgießen. Mit der Backschaufel den Bratensaft gut von der Pfanne lösen. Kräftig

ALLE ZUTATEN SIND FÜR 4 PERSONEN BERECHNET.

MEIN KÜCHENTIPP:

Wenn Sie dem Staubzucker etwas Vanillezucker beimengen, bekommt er nicht nur einen hervorragenden Geschmack, sondern er verbreitet auch sein herrliches Aroma beim Anzuckern von warmen Mehlspeisen.

aufkochen lassen und durch ein feines Sieb abseihen. Mit Maismehl leicht binden und mit Butter montieren. Mit Salz abschmecken.

Backrohrtemperatur: ca. 220 Grad fallend, Bratzeit: ca. 2 Stunden

Risipisi:
Die Zwiebel in Butter glasig anschwitzen lassen. Reis dazugeben, kurz durchrühren und mit heißem Wasser aufgießen. Reis gut salzen und bei kleiner Flamme zugedeckt dünsten. Nach 15 Minuten die Erbsen dazugeben und fertig dünsten. Dann den Reis auflockern und die gekochte Petersilie untermischen.

WUZINUDELN MIT MOHN

500 g gekochte, geschälte, mehlige, kalte Kartoffeln
1 Ei
150 g Mehl griffig
20 g Grieß
5 g Salz

Kalte Kartoffeln faschieren, mit den restlichen Zutaten zügig vermengen und sofort verarbeiten. Den Kartoffelteig auf einer mit Mehl bestaubten Arbeitsfläche zu einer 2 cm dicken Rolle formen. Mit einer Teigkarte 1 cm-Stücke abschneiden und mit der bemehlten Hand zu Wuzinudeln rollen. Wuzinudeln in reichlich kochendes Salzwasser hineingeben, aufkochen und sobald die Nudeln an die Oberfläche aufsteigen, mit einem Gitterlöffel vorsichtig herausnehmen und in ein Gefäß mit kaltem Wasser geben. Nach dem Erkalten die Nudeln vorsichtig in ein Sieb geben. Pfanne mit etwas Butter erhitzen, Wuzinudeln beigeben, mit Staubzucker durchschwenken und leicht goldbraun werden lassen. Mohn dazugeben und nochmals durchschwenken. Als Beilage kann ein Zwetschkenröster serviert werden.

ALLE ZUTATEN SIND FÜR 4 PERSONEN BERECHNET.

JOSEF SAJOWITZ
SKOPIK & LOHN Wien 2, Leopoldsgasse 17

Geröstete Kalbsleber mit roten Pflaumen, Salbei, Püree

EINGELEGTER SAIBLING
mit Wildkräutern

4 Saiblingfilets
1 Karotte
1 gelbe Rübe
1 Sellerie
Safran
Pfefferkörner
Wacholder
Lorbeerblätter
Salz
weißer
Balsamicoessig
Olivenöl
Wildkräuter- bzw.
Blütensalat

Gemüse schälen, in feine Streifen schneiden und kurz blanchieren.
1 Liter Wasser zum Kochen bringen, die Gewürze und das Gemüse hinzufügen und den Topf vom Herd nehmen.
Die Saiblingfilets in den Sud legen und ca. 5 Minuten ziehen lassen. Anschließend die Filets auf einen Teller legen und mit Alufolie abdecken.
Aus dem Sud mit Hilfe des Balsamicoessigs und des Olivenöls eine Marinade herstellen und den Salat damit nappieren.
In einem tiefen Teller das Gemüse mit dem Sud anrichten, die Filets darauf platzieren und mit dem Salat belegen.

GERÖSTETE KALBSLEBER
mit roten Pflaumen, Salbei und Püree

ca. 700 g Kalbsleber
5 rote Pflaumen
1 rote Zwiebel
5 Blätter Salbei
10 g Braunzucker
5 cl Balsamico
5 cl Portwein
200 ml roter Kalbsfond
30 g Butter
1 TL Honig
400 g mehlig kochende Kartoffeln
200 ml Milch
100 g Butter
Salz, Pfeffer, Muskat

Die Kalbsleber von der Haut befreien und in mittelgroße Stücke schneiden. In einer Pfanne etwas Öl erhitzen und die mit Salz und Pfeffer gewürzte Leber auf beiden Seiten scharf anbraten. Aus der Pfanne nehmen und beiseite stellen.
Den Braunzucker in dem Bratrückstand karamellisieren und mit dem Balsamico ablöschen.
Die Balsamicosauce reduzieren und mit dem Portwein und dem braunen Kalbsfond aufgießen. Um ein Drittel reduzieren, die Salbeiblätter und die roten Pflaumen beigeben und mit der Butter montieren. Die Kalbsleber dazugeben und 1 Minute ziehen lassen.

ALLE ZUTATEN SIND FÜR 4 PERSONEN BERECHNET.

Püree:

Die Kartoffeln schälen und in reichlich Wasser weich kochen. Aus dem Wasser nehmen und ausdampfen lassen. Durch eine Kartoffelpresse passieren und in einem Schneekessel über Dampf mit heißer Milch und kalter Butter aufschlagen und mit Salz, Pfeffer und Muskatnuss würzen.

MEIN KÜCHENTIPP:

Anstatt die Kalbsleber fertig zu braten, empfehle ich sie bis zum gewünschten Garpunkt in der Sauce ziehen zu lassen.

TOPFENKNÖDEL
mit Himbeeren

4 Dotter
4 EL Kristallzucker
100 g flüssige Butter
700 g abgetropfter Topfen
150 g gewürfelte Brioche (ohne Rinde)
1 Prise Salz
Schale von jeweils 1 unbehandelter Zitrone und Orange
1 Prise Zimt
400 g gefrorene Himbeeren
100 g Zucker

Dotter und Zucker schaumig schlagen, die flüssige Butter einrühren und mit dem Topfen, der Brioche und den Gewürzen gut vermengen. Mindestens 6 Stunden ruhen lassen. Kleine Knödel formen und in leicht gesalzenem Wasser ca. 10 Minuten ziehen lassen.
Die Himbeeren mit dem Zucker in noch gefrorenem Zustand zum Kochen bringen. 1/3 der Flüssigkeit verkochen lassen und durch ein feines Sieb passieren.

ALLE ZUTATEN SIND FÜR 4 PERSONEN BERECHNET.

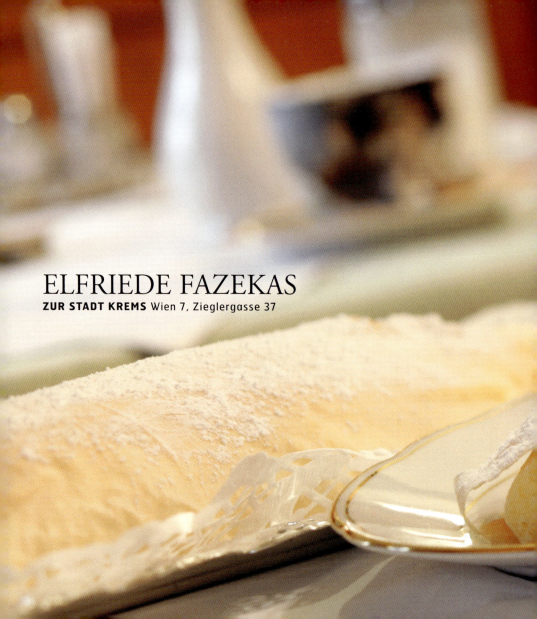

ELFRIEDE FAZEKAS
ZUR STADT KREMS Wien 7, Zieglergasse 37

Grießstrudel mit Zwetschkenröster

KLARE RINDSUPPE
mit MarktascherIn

500 g Rindfleisch
300 g Rindsknochen
80 g Milz
80 g Leber
1 kleine Zwiebel
1 Suppengrün
(Karotte,
Knollensellerie,
Petersilwurzel,
Lauch)
1 Tomate
1 Lorbeerblatt
1 TL Pfefferkörner
1 Zweig Liebstöckel
Salz

Die gewaschenen Rindsknochen in kochendem Wasser kurz überbrühen. Abgießen und kalt abschwemmen. Zwiebel samt Schale halbieren, Wurzelansatz wegschneiden und in einer beschichteten Pfanne ohne Fett auf der Schnittfläche dunkel anbräunen (dadurch erhält die Suppe eine kräftigere Farbe). Suppengrün waschen und klein schneiden. Bis auf das Gemüse alle Zutaten in einen Topf geben und mit 4 Liter kaltem Wasser aufgießen. Langsam aufkochen und bei kleiner Flamme 2 1/2 bis 3 Stunden leicht köcheln lassen. Den aufsteigenden Schaum öfters abschöpfen. Erst 30 Minuten vor dem Abseihen der Suppe das Gemüse beigeben. Ansonsten würde der Gemüsegeschmack verloren gehen. Suppe durch ein feines Sieb seihen, abschmecken.

MarktascherIn:
1 cm starke Markscheiben salzen, in Mehl wenden, in verquirltes Ei tauchen, in heißem Fett goldgelb ausbacken. In der Rindsuppe mit Schnittlauch servieren.

ALLE ZUTATEN SIND FÜR 4 PERSONEN BERECHNET.

MEIN KÜCHENTIPP:

Das Klopfen der Schnitzel gelingt behutsamer, wenn man sie zuvor zwischen zwei Lagen Klarsichtfolie legt. Als Alternative kann man auch ein aufgeschnittenes Tiefkühlsäckchen verwenden. Zum Fleischklopfen sollte man immer die ungerippte Seite des Fleischklopfers verwenden, damit die Fleischfasern nicht zerschlagen werden. Durch eventuell zerstörte Fleischfasern tritt Feuchtigkeit aus und bewirkt, dass das Fleisch nach dem Braten trocken wird.

KAISERSCHNITZEL

4 Kalbsschnitzel
(à 15 dag)

Sauce:
1 kleine Zwiebel
2 EL Kapern
Schale von 2 kleinen
unbehandelten
Zitronen
1/8 l klare Suppe
1/4 l Bratensaft
1/8 l Schlagobers
Saft von 1 Zitrone
Salz, Pfeffer
Butter, Öl

Zwiebel schälen und kleinwürfelig schneiden. Kapern grob hakken. Schnitzel ein wenig klopfen und beidseitig salzen und pfeffern. Zirka 1 EL Butter und 2 EL Öl erhitzen, Schnitzel einlegen und auf jeder Seite ca. 1/2 Minute braten (am besten in zwei Arbeitsgängen). Schnitzel herausheben und warm stellen. Bratrückstand mit Suppe und Bratensaft aufgießen und aufkochen. Obers zugießen und die Sauce cremig einkochen. Mit Salz und Zitronensaft würzen. Kapern und Zitronenschale untermischen. Schnitzel einlegen und einige Minuten ziehen lassen. Schnitzel mit der Sauce anrichten. Als Beilage serviert man Nudeln und Gemüse.

GRIESSSTRUDEL

Strudelteig

Fülle:
50 g Butter
3 Eier
Salz
125 g grober Grieß
1/8 Sauerrahm

Butter, 3 Dotter und Salz schaumig rühren. Grieß und Sauerrahm kleinweise einrühren, 3 Eiklar unterziehen. Die Fülle nicht zu hoch auf den Strudelteig aufstreichen, locker überschlagen und backen.
Gut angezuckert mit Zwetschkenröster servieren.

ALLE ZUTATEN SIND FÜR 4 PERSONEN BERECHNET.

HEINZ REITBAUER JUN.
STEIRERECK IM STADTPARK Wien 3, Am Heumarkt 2a

Gebratener Waller mit
Zitrusspinat und
Kalbserdäpfeln

WIENER KOCHSALAT
mit Flusskrebsen und Blauschimmel

12 Stk. große Flusskrebse
1 EL Sonnenblumenkernöl
2 Stk. Kochsalat (Römersalat)
2 Eier
1 Scheibe Schwarzbrot (In kleine Würfel geschnitten)
40 g Butter zum Rösten
1/8 l Rindsuppe
100 g Blauschimmelkäse
etwas Weißweinessig und Sonnenblumenöl zum Marinieren

Béchamel:
20 g Mehl
20 g Butter
100 ml Kochsalatfond
100 ml Crème fraîche
Salz
Weißer Pfeffer frisch gemahlen
Muskatnuss frisch gerieben

Die Krebse je nach Größe 1 bis 2 Minuten in Salzwasser kochen und in Eiswasser abschrecken. Die Krebsschwänze und -scheren ausbrechen und beiseite stellen. Den Kochsalat zerteilen und in kaltem Wasser waschen. Vom Herz ca. 16 Blätter für die Garnitur aufheben. Beim restlichen Salat den Strunk herausschneiden und die Blätter in feine Julienne schneiden. Den Strunk und die Blätter separiert in Salzwasser blanchieren, abseihen (Kochwasser auffangen) und abschrecken.
Für die Béchamel die Butter in einem Topf erhitzen, mit Mehl stauben und unter Rühren hellgelb anschwitzen. Den Kochsalatfond (Kochwasser) nach und nach zugießen, Crème fraîche einrühren und aufkochen lassen. Die Sauce etwa 15 Minuten unter ständigem Rühren leicht kochen lassen. Mit Salz, Pfeffer und Muskatnuss abschmecken und durch ein feines Sieb passieren. 1/3 der blanchierten Salatjulienne gut ausdrücken und mit der Béchamel im Mixbecher fein pürieren. Die Eier 5 Minuten kochen, schälen und in einem warmen Suppenteller grob zerteilen (Achtung: Dotter ist noch flüssig!)
Für die Blauschimmelsauce die Rindsuppe mit dem Blauschimmelkäse aufkochen, mixen und mit Salz und Pfeffer abschmecken.
Die Schwarzbrotwürfel in der Butter knusprig rösten und kurz abtropfen lassen.
Die nun grün gefärbte Béchamel erhitzen, die restliche Salatjulienne zugeben und mit Salz, Pfeffer und Muskat abschmecken.
Die Krebse mit den Salatstrünken im Kochsalatfond mit dem Sonnenblumenöl erwärmen. Den eingemachten Kochsalat auf den Tellern verteilen. Die Eier und die Croûtons darüber streuen. Die Flusskrebse und die Salatstrünke darauf anrichten und mit der Blauschimmelsauce umgießen. Mit den marinierten Salatherzen garnieren.

ALLE ZUTATEN SIND FÜR 4 PERSONEN BERECHNET.

GEBRATENER WALLER
mit Zitrusspinat und Kalbserdäpfeln

600 g Waller (Wels)filets ohne Haut
2 EL Pflanzenöl
1 EL Butter
12 Essigkapern
2 geschnittene Schalotten
1 Kaffeelöffel kandierte und geschnittene Zitronenschalen
Salz

Béchamel:
20 g Mehl
20 g Butter
200 ml Milch
1 kl. geschnittene Zwiebel
1 geschnittene Knoblauchzehe
1 Nelke
Salz, Pfeffer, Muskat

400 g Blattspinat
1 EL kandierte Zitronenschalen
Zitronensaft
Salz, Muskat

4 große mehlige Erdäpfel
1/8 l Kalbsfond oder Rindsuppe
1 EL Pflanzenöl
1 Stk. Butter
1 Zweig Thymian
1 Zweig Rosmarin
50 g Kalbspresskopf
4 EL Kalbssauce
Salz

1 EL Weißbrotbrösel
2 EL Butter
Salz, Pfeffer

Zwiebel und Knoblauch in der Butter leicht anschwitzen, Gewürze kurz mitrösten und mit Mehl stauben. Die erwärmte Milch einrühren und ca. 10 Min. unter ständigem Rühren leicht kochen lassen. Mixen und passieren. Den Blattspinat putzen, waschen, blanchieren und in Eiswasser kurz abschrecken. Den lauwarmen ausgedrückten Spinat mit der überkühlten Béchamel und den kandierten Zitronenschalen fein mixen. Mit Salz, Muskat, Zitronensaft abschmecken. Sie müssen nicht die ganze Béchamel verwenden! Spinat beiseite stellen. Den Kalbspresskopf in grobe Würfel schneiden und beiseite stellen.

Für die Kalbserdäpfel die Erdäpfel waschen, schälen und in ca. 2 cm dicke Scheiben schneiden. In einer (wenn vorhanden) gusseisernen Pfanne das Pflanzenöl erhitzen und die Erdäpfel goldbraun anbraten, salzen und mit dem Kalbsfond untergießen. Mit Alufolie bedecken und bei 220 Grad im Rohr ca. 10 Minuten schmoren. Anschließend Kräuter und Butter zugeben, die Erdäpfel mit dem Kalbskopf bestreuen und fertig braten.
Die Flüssigkeit sollte vollständig verdampft sein.
Die Semmelbrösel trocken in einer Pfanne langsam goldgelb rösten und aus der Pfanne nehmen. Nun die Butter in die Pfanne geben und bei

mittlerer Hitze nussbraun werden lassen. Die Butter über die Brösel leeren und mit Salz und Pfeffer abschmecken.
Die Wallerfilets in 4 gleich große Stücke teilen, salzen und in Pflanzenöl beidseitig scharf anbraten. Mit Butter, Schalotten, Kapern und den kandierten Zitronenschalen fertig braten. Die Kalbsdäpfel mit Kalbssauce beträufeln und mit Zitrusspinat und dem Waller anrichten. Mit den Nußbutterbröseln vollenden.

WARMER TAG & NACHT-PUDDING

250 ml Vollmilch
250 ml Obers
110 g Feinkristallzucker
2 Eier
2 Dotter
2 Stk. Bourbon-Vanilleschoten

100 g Butter
100 g Mehl
250 ml Milch
6 Dotter
4 Eiklar
2 EL Zucker
2 EL Maizena
3 EL Nutella
Prise Salz

Butter für Wasserbadformen
Zucker zum Ausstreuen
100 g Himbeeren
etw. Läuterzucker 1:1
Einige Himbeeren für die Garnitur
Minze, Melisse, Waldklee für die Garnitur

Milch und das Obers mit der Hälfte des Zuckers erhitzen und das Vanillemark beigeben. Dotter und Eier mit dem übrigen Zucker leicht anschlagen. Die heiße Vanillemilch langsam einrühren. Die Eismasse nun unter ständigem Rühren zur Rose abziehen (d.h. 85 Grad/Kochlöffelprobe). Idealerweise im Eiswasser abkühlen und in der Eismaschine frieren. Zimmerwarme Butter mit Mehl zu einem Teig kneten. Die Milch mit dem Butter-Mehl-Teig in einen Topf geben und zu Brei kochen. Etwas überkühlen lassen und nach und nach die Dotter einrühren. Leicht salzen.
Die Grundmasse leicht überkühlen und auf 2 Schüsseln aufteilen. In eine Masse das Nutella untermischen. 4 Stk. Wasserbadformen inkl. Deckel ausbuttern und mit Zucker ausstreuen. Das Eiklar mit Zucker und Maizena zu Schnee schlagen und unter beide Massen vorsichtig unterheben. Abwechselnd in die Wasserbadformen füllen (2/3 hoch) und mit dem Deckel verschließen. In einem Wasserbad oder im Dämpfer ca. 18 bis 20 Minuten garen. Die Himbeeren mixen, mit Läuterzucker abschmecken, passieren. Die Himbeersauce mit den Himbeeren am Teller anrichten und mit den Kräutern garnieren. Den Pudding aus dem Dampf nehmen, vorsichtig herausstürzen. Mit Vanilleeis servieren.

ALLE ZUTATEN SIND FÜR 4 PERSONEN BERECHNET.

MEIN KÜCHENTIPP:

Fügt man dem Kochwasser etwas Backpulver bei, so behält der Kochsalat seine grüne Farbe.

ALEXANDER MASCHA

GASTWIRTSCHAFT HUTH Wien 1, Schellinggasse 5

Gebratene Blunznradln auf Kartoffel-Vogerlsalat

GEBACKENE BLUNZNRADLN
auf Kartoffel-Vogerlsalat und Krenvinaigrette

ca. 1/2 kg frische Blunze

Panier:
Mehl, Eier, Brösel
Frischer Kren
Essig, Öl
Salz, Pfeffer
Zucker, Muskatnuss

Mehlige Kartoffeln
Rindsuppe
Vogerlsalat
Kürbiskerne

Die Blunz'n in Scheiben schneiden, panieren und in heißem Fett langsam herausbacken. Kartoffeln in der Schale weich kochen, schälen und mit Essig, Öl, Salz, Pfeffer, Zucker und der lauwarmen Suppe vermengen. Ziehen lassen, bei Bedarf nachschmecken. Für die Krenvinaigrette den frisch geriebenen Kren mit etwas Essig, Öl, Zucker und Salz vermengen.
Den Kartoffelsalat auf den Teller geben, ein bisschen marinierten Vogerlsalat darauf legen. Die gebackenen Blunznradln draufsetzen und mit der Krenvinaigrette nappieren. Geröstete Kürbiskerne darüber streuen.

GESCHMORTES WEISSES SCHERZL
mit Grammelgröstl u. Sommergemüse

1 1/2 kg weißes Scherzl
Gemüseklein –
Karotten, gelbe Rüben, Sellerie, Lauch und Zwiebel
Tomatenmark
Rotwein,
Pfefferkörner, Salz, Wacholderkörner,
Lorbeer
Gemüsefond oder Rindsuppe zum Aufgießen
Kartoffeln (speckig),
Grammeln
Frühlingszwiebeln
Kümmel, Majoran,
Schnittlauch

Das Scherzl auf allen Seiten gleichmäßig kräftig anbraten. Aus der Pfanne nehmen und darin das kleingeschnittene Wurzelwerk (Karotten, Sellerie, Zwiebel und Lauch) kräftig anbraten. Mit 2 Löffeln Tomatenmark vermengen und kurz durchrösten.
Mit 1 Liter Rotwein ablöschen und etwas reduzieren. Mit der Rindsuppe oder Gemüsefond aufgießen. Das Fleisch wieder einlegen und mit Alufolie oder Deckel verschließen. Bei ca. 180 Grad ca. 2 Stunden dahinschmoren lassen. Wenn das Fleisch weich ist, auslegen und die Sauce mixen und abseihen. Eventuell nachschmecken.

ALLE ZUTATEN SIND FÜR 4 PERSONEN BERECHNET.

Grammelgröstl:

Die Kartoffeln kochen, danach reiben. In einer Pfanne mit etwas Butterschmalz scharf anbraten, dann die Frühlingszwiebeln zugeben mit Kümmel, Salz, Pfeffer und Majoran abschmecken. Zum Schluss kurz die frischen Grammeln mitrösten.

MEIN KÜCHENTIPP:

Bei Schmorgerichten drehe ich nach der Hälfte der Zeit, alle 10 Minuten um 10 Grad zurück, um das Fleisch schön langsam weich werden zu lassen.

POWIDLTASCHERLN

400 g mehlige Kartoffeln
20 g Butter
200 g Mehl
50 g Grieß
Salz
1 Eigelb
150 g Powidl
Rum
Zimt
80 g Butter
100 g süße Brösel
Zwetschken

Zwetschkenröster:
500 g Zwetschken
100 ml Wasser
50 - 150 g Zucker – je nach Geschmack und Süße der Früchte
1 Zitrone
1 kleines Stück Zimtrinde
2 Gewürznelken

Für Powidltascherln eine möglichst mehlig kochende Sorte Kartoffeln verwenden. Kartoffeln kochen, schälen und noch heiß durch eine Kartoffelpresse drücken. Kartoffelmasse abkühlen lassen. Weiche Butter, Mehl, Grieß, eine Prise Salz und Eigelb (Eiweiß aufbewahren) unter die Kartoffelmasse kneten. Je nachdem, wie groß das Eigelb ist, evtl. noch etwas Mehl unter den Teig arbeiten. Teig auf einer mit Mehl bestreuten Arbeitsfläche ca. 5 mm dick ausrollen. Mit einem Glas ungefähr handtellergroße Kreise ausstechen. Teig zwischendurch immer wieder leicht einstäuben. Powidl mit Rum und Zimt verrühren. Nicht zu viel Rum verwenden, damit der Powidl nicht zu dünnflüssig wird. Auf jeden Teigkreis 1 TL Powidl in die Mitte setzen. Die Ränder mit verschlagenem Eiweiß bepinseln und die Teigkreise zu einem Halbkreis zusammenlegen. Ränder gut andrücken. In einem großen Topf ausreichend Salzwasser zum Kochen bringen. Temperatur zurückschalten, so dass das Wasser nur noch siedet. Powidltascherln portionsweise in das Wasser geben. Sobald die Powidltascherln schwimmen, mit einem Lochschöpfer herausnehmen und warm stellen, bis alle Powidltascherln fertig sind. In einer beschichteten Pfanne Butter erhitzen und Paniermehl darin anrösten. Powidltascherln in den Butterbröseln wenden und heiß servieren.

Zwetschkenröster:
Zucker, Zitronensaft, Zimtrinde und Gewürznelken im Wasser aufkochen. Die Zwetschken entkernen und halbieren, aufkochen lassen und zugedeckt weich dünsten (erkennt man daran, dass sich die Schale löst und ringelt und die Zwetschken anfangen zu zerfallen). Das Kompott auskühlen lassen, eventuell mit Zucker und Zitronensaft abschmecken und kalt servieren.

ALLE ZUTATEN SIND FÜR 4 PERSONEN BERECHNET.

MARIA ZARL-ECKEL
RESTAURANT ECKEL Wien 19, Sieveringer Straße 46

Heidelbeernocken

WIENER FISCHBEUSCHEL-SUPPE

Kopf und Rogen von einem Karpfen
1 Karpfenkarkasse gehackt
1 Lorbeerblatt
10 Pfefferkörner
Hesperidenessig
60g Zwiebeln
80g Wurzelwerk (Karotte, Petersilwurzel, Sellerieknollen)
1 l Wasser
80g Karotten und Sellerie und gelbe Rüben geraspelt
40g Butterschmalz
20g Mehl glatt
Salz, Pfeffer
1 EL Petersilie gehackt
geröstete Weißbrotwürfel

Karpfenkopf und Karpfenkarkasse sauber waschen, mit kaltem Wasser, Salz, Essig, Pfefferkörnern, Lorbeer, Zwiebeln und Wurzelwerk zustellen. 20 Minuten schwach wallend kochen, abseihen und beiseite stellen.
Kopffleisch ablösen. Karotte, gelbe Rübe, Sellerie in erhitztem Butterschmalz rösten, Mehl beigeben, lichtbraun weiterrösten, mit Fischsud aufgießen. Gut durchkochen, Rogen untermengen, mit der Schneerute gut verrühren. Kopffleisch und gehackte Petersilie beigeben, mit Gewürzen säuerlich-pikant abschmecken. Mit gerösteten Weißbrotwürfeln auftragen.

GIRARDI-ROSTBRATEN
mit Serviettenknödeln

4 Scheiben Rostbraten
Pfeffer, Salz
1 EL scharfer Senf
Öl
1/8 l Rindsuppe
4 dag Butter
4 dag durchzogener Speck
4 Schalotten
1 Karotte
1 gelbe Rübe
2 süßsaure Gewürzgurkerln
1 TL Kapern
Saft und Schale von 1/2 Zitrone
1/4 l Sauerrahm
1 EL Mehl

Serviettenknödeln:
4 Semmeln
6 dag Butter
2 Eier, Salz
3/8 l Milch
1 kleine Zwiebel
Petersilie
Muskatnuss

Die Rostbraten leicht klopfen, pfeffern, salzen und mit Senf bestreichen. Dann in Öl rasch von allen Seiten anbraten, mit Rindsuppe ablöschen und zur Seite stellen. Schalotten fein würfeln, Speck, Karotten und gelbe Rübe in feine Streifen schneiden, Gurkerln und Kapern fein hacken, von der Zitrone die Schale in feine Streifen schneiden. Butter erhitzen, Schalottenwürfel und Speckstreifen darin anschwitzen. Karotten, gelbe Rübe, Gurkerln, Kapern, Zitronensaft und Zitronenzesten dazugeben. Mit Rindsuppe aufgießen und fünf Minuten bei kleiner Hitze alles zusammen dünsten. Die Rostbraten zusammen mit dem Natursaft in diese

ALLE ZUTATEN SIND FÜR 4 PERSONEN BERECHNET.

MEIN KÜCHENTIPP

Leeren Sie den überschüssigen Sud der Sulz nicht weg. Sie können ihn gut eine Woche im Kühlschrank aufbewahren (oder eventuell tiefkühlen). Er eignet sich hervorragend zum Aufgießen eines Schweinsbratens und ist die Grundlage für einen sehr guten Saft. Auch ist er für andere Fleischsaucen verwendbar.

Sauce geben und dünsten, bis das Fleisch weich ist. Rahm mit Mehl gut verrühren und in die Sauce geben, aufkochen lassen. Als Beilage empfehlen wir Serviettenknödeln.

Serviettenknödeln:
Semmeln entrinden und würfelig schneiden. Eidotter mit Milch versprudeln, salzen und über die Semmelwürfel gießen. Zwiebel und Petersilie fein hacken, in Butter anlaufen lassen, zur Semmelmasse geben, Schnee von zwei Eiklar unterziehen, mit Muskatnuss würzen. In feuchte Serviette rollen, Enden abbinden, in Salzwasser 1/2 Stunde kochen. Auswickeln und in Scheiben schneiden.

HEIDELBEER-NOCKEN

3/4 l Heidelbeeren
2 EL Butter
3 EL Zucker
1/2 l Mehl
3/8 l Milch
Butterschmalz
Staubzucker zum Bestreuen
ev. Vanilleeis
1/4 l Schlagobers

In eine Schüssel gibt man die Heidelbeeren, Zucker und Mehl werden darüber gestreut. Milch mit Butter erhitzen und darüber schütten. Die Masse rasch durchmischen. Butterschmalz in einer Pfanne erhitzen und mit einem großen Esslöffel Portionen von der Heidelbeermasse hineingeben, leicht flachdrücken und bei mittlerer Hitze auf beiden Seiten knusprig braun backen, sofort mit Staubzucker bestreuen und servieren. Nach Belieben kann man Vanilleeis und geschlagenes Schlagobers dazu kombinieren.

ALLE ZUTATEN SIND FÜR 4 PERSONEN BERECHNET.

JOHANN HERZOG
HERZOG´S WIRTSHAUS Wien 15, Sechshauser Straße 120

*Eierschwammerlterrine
auf Blattsalat*

EIERSCHWAMMERL-TERRINE
auf Blattsalat

200 g Eierschwammerln
200 g Sauerrahm
3 Blatt Gelatine
1 Eiweiß
Salz, Pfeffer
Petersilie
1/2 Zitrone
1/8 l Obers geschlagen
300 g gemischter Blattsalat
Dressing nach Belieben

Schwammerln blanchieren und abkühlen. Sauerrahm, Salz, Pfeffer, Zitronensaft und Petersilie glatt führen, aufgelöste Gelatine, geschlagenes Eiweiß und geschlagenes Obers einheben. In eine mit Klarsichtfolie ausgelegte Form füllen und 2 Stunden kühlen. Stürzen, Portionen schneiden und auf Blattsalat anrichten.

GEFÜLLTE PAPRIKA
in Paradeissauce

8 Stk. grüne Paprika
400 g Faschiertes (gemischt)
60 g fein geschnittene Zwiebel
30 g Fett
60 g gekochter Reis
1 rohes Ei
1 Knoblauchzehe
Salz, Pfeffer, Petersilie, Majoran

Paradeissauce:
1 kg reife Paradeiser
1/8 l Wasser
60 g Butter
100 g Zwiebel
50 g Mehl
Salz, Zucker
1/8 l flüssiges Obers

Von den Paprika Stiel entfernen und Deckel abheben, entkernen und gut waschen. Zwiebel im Fett anrösten, Knoblauch gehackt kurz mitrösten und abkühlen. Faschiertes und sämtliche Zutaten vermengen und die Paprika damit füllen. Die zurückgelassenen Deckel darauf setzen. In eine Pfanne schlichten und im heißen Backrohr bei 180° C 10 Minuten braten.

ALLE ZUTATEN SIND FÜR 4 PERSONEN BERECHNET.

Paradeissauce:

Zwiebel in Butter anlaufen lassen, mit Mehl stauben, mit Wasser ablöschen – Paradeiser geviertelt dazugeben und 30 Minuten langsam köcheln – mit Stabmixer pürieren, würzen, über die Paprika gießen und 20 Minuten dünsten. Paprika anrichten, Sauce mit Salz und Zucker abschmecken und mit flüssigem Obers verfeinern.

MEIN KÜCHENTIPP:

Es schmecken die Apfelknödel noch besser, wenn Sie zu den Bröseln geriebene Nüsse beimengen.

APFELKNÖDEL
auf Mostschaum

600 g Äpfel
geschält, entkernt
und würfelig
geschnitten
200 g Topfen
100 g Mehl
1 Ei

50 g Butter
100 g Brösel
100 g Kristallzucker
etwas Zimt

1/4 l Apfelmost
3 Dotter
3 EL Kristallzucker

Äpfel, Topfen, Mehl und Ei zu einem Teig vermengen und 10 Minuten ruhen lassen. Kleine Knödel formen und 10 Minuten in Salzwasser leicht kochen. Brösel und Zucker in Butter kurz rösten. Die Knödel aus dem Wasser heben, in Butterbröseln wälzen und warm stellen. Aus Most, Dotter und Zucker über Dunst (Wasserbad) ein Sabayon aufschlagen, anrichten und Knödel darauf geben.

ALLE ZUTATEN SIND FÜR 4 PERSONEN BERECHNET.

KURT KASTNER
IMMERVOLL Wien 1, Weihburggasse 17

*Kalbsbrustrollbraten
mit Gemüsereis*

KAROTTEN-ORANGEN-CREMESUPPE

150 g Schalotten geschnitten
2 Zehen Knoblauch
4 EL Öl, besser Butter
1/2 kg Karotten
1/2 l Hühnersuppe
Salz und Pfeffer
eine Prise Muskat
1/8 l Orangensaft
eine Handvoll Reis gekocht
Orangenschalen, dünn mit einem Zestenreißer abgeschält
eine Prise Zucker
1/8 l Obers

Die Schalotten in der zerlassenen Butter oder heißem Öl anschwitzen, gepressten Knoblauch dazugeben, die geschälten und in Stücke geschnittenen Karotten beifügen und kräftig durchrösten. Mit Hühnersuppe aufgießen und den Reis beifügen. Salz und Pfeffer dazu und eine halbe Stunde gut durchkochen, dann vom Herd nehmen, mit dem Stabmixer fein pürieren, den Orangensaft und die Zesten hinzu. Mit einer Prise Muskat und Zucker abschmecken. Nochmals aufkochen und das Obers einrühren. Mit einem Schlagobershäubchen servieren.

KALBSBRUST-ROLLBRATEN
mit Gemüsereis

Eine mittlere Kalbsbrust vom Fleischer gerollt und gebunden vorbereiten lassen.
400 g Karotten und gelbe Rüben gemischt.
2-3 Knoblauchzehen
500 g Kalbsknochen
Salz und Pfeffer
1 große Tomate
1/8 l Weißwein
1/4 l klare Gemüsesuppe
1 Rosmarinzweigerl
Öl zum Anbraten

Gemüsereis:
300 g Basmatireis
1/5 l Wasser
je 100 g Karotten und Broccoliröschen
500 g Erbsen
1 kleines Stk. Butter
1 EL gehackte Petersilie
Salz

Öl im Bräter heiß werden lassen. Die mit Salz und Pfeffer gewürzte Kalbsbrust rundum scharf anbraten und aus dem Bräter nehmen. Die Kalbsknochen, die Karotten, die gelben Rüben und die Knoblauchzehen im verbleibenden Bratensaft gut anrösten. Dazu gibt man auch die angerissene Tomate und den Rosmarinzweig. Mit Weißwein ablöschen. Darauf setzt man die Kalbsbrust. Bei 180°C im Rohr langsam garen. Zwischendurch immer mit Gemüsesuppe aufgießen. Es empfiehlt sich bei halber Garzeit den Braten mit Alufolie abzudecken, um ein Austrocknen zu verhindern. Die Garzeit beträgt je nach Größe des Bratens etwa 1 1/5

ALLE ZUTATEN SIND FÜR 4 PERSONEN BERECHNET.

Stunden. Wenn der Braten fertig ist, nimmt man ihn aus dem Ofen, stellt ihn warm – am besten zugedeckt. Den Saft anseihen und abschmecken; den Braten in gleichmäßige Scheiben schneiden und mit Natursafterl begießen und servieren.

Gemüsereis:

Den Reis mit 1/2 l Wasser und einer Prise Salz und dem Stück Butter aufsetzen und fertig garen (dauert bei Basmatireis nicht besonders lange – ca. 15 Minuten). Karotten kleinwürfelig schneiden und mit den Broccoliröschen in Wasser oder Gemüsesuppe aus der Dose bissfest kochen. Mit dem Reis vermischen und noch ein kleines Stück Butter dazu. Etwas ziehen lassen (Großmutter hat das immer unter der Bettdecke gemacht). Mit dem Kalbsbraten servieren.

MEIN KÜCHENTIPP:

Paprika ist aus unserer Küche nicht wegzudenken, sei es ein ungarisches Reisfleisch, ein serbisches Krautfleisch oder das berühmte Wiener Saftgulasch. Mein kleines Geheimnis bei der Zubereitung von Gerichten mit Paprika lautet: Verwenden Sie immer eine kleine Menge Essig vermengt mit Zucker und geben Sie dies dem Fleisch bei. Es wirkt wie ein natürlicher Geschmacksverstärker, und Sie können mit künstlichen Aromastoffen sparen.

TOPFENKNÖDEL
mit Beerenragout

300 g Bauern- oder Bröseltopfen
250 g Weißbrot entrindet – am besten Toastbrot
50 g Staubzucker
1 EL Vanillezucker
100 g Butter
3 ganze Eier
3 Eidotter
Schale von einer Zitrone
Salz

Beerenragout:
400 g gemischte Beeren – am besten tiefgekühlt
4 EL Rum (Inländer)
50 g Zucker
1 EL Maizena
1/8 l Orangensaft oder nach Geschmack anderen Fruchtsaft

Das entrindete Weißbrot mit einer Küchenreibe fein zerbröseln. Mit Vanillezucker, einer Prise Salz und dem ebenfalls zerriebenen Topfen vermischen. Die Butter zerlassen und untermischen. Die Eier und Eidotter beigeben und alles leicht verkneten. Sollte der Teig zu weich geraten, ein wenig Semmelbrösel hinzufügen. Mit nassen Händen Knödel formen und in leicht gesalzenem Wasser 12 Minuten leicht wallend fertig ziehen lassen. Herausnehmen und in Butterbröseln rollen und mit Beerenragout anrichten. Mit Staubzucker bestreuen.

Beerenragout:
Rum im Topf erhitzen. Die Beeren beigeben. Den Zucker unterrühren und alles einmal aufkochen. 1 EL Maizena im Orangen- oder Fruchtsaft auflösen und in der Beerensauce aufkochen. In eine Schüssel geben und erkalten lassen.

ALLE ZUTATEN SIND FÜR 4 PERSONEN BERECHNET.

KARL RIEDLER
ZUM HERKNER Wien 17, Dornbacher Straße 123

Kalbsherzragout mit Serviettenknödeln

BLUNZENTERRINE
mit Krenrahm

20 dag Blunze
1 Zwiebel
Knoblauch
1/4 l Rindsuppe
1 EL Schmalz
Majoran
Pfeffer

Zwiebel, Knoblauch im Schmalz anrösten, die gewürfelte Blunze dazu mitrösten, sodann mit der Suppe aufgießen und verkochen lassen, mit Pfeffer, Majoran und evtl. Salz abschmecken, mit dem Stabmixer pürieren und sodann in eine mit Kren ausgestreute passende Form füllen, einige Stunden kühl stellen. Dann stürzen und in Scheiben schneiden.

Krenrahm:
Einen Becher Rahm mit geriebenem Kren, Salz und wenig Senf und Schnittlauch glatt rühren.

KALBSHERZRAGOUT

2 Kalbsherzen
1/4 l Crème fraîche
1 geraspelte Karotte,
1/4 l Gurkerlwasser
5 dag Öl
5 dag Mehl
1 Zwiebel
Lorbeerblatt,
1/2 unbehandelte Zitrone
1/4 l Bouillon

Marinade:
1/2 l Rindsuppe
1/4 l Weißwein
1 EL scharfer Senf
gehackte Sardelle
Kapern
2 Gurkerln
Petersilie
Pfeffer
Thymian
2 EL Hesperidenessig

Die Herzen ca. 2 Stunden kochen, auskühlen lassen und von Arterien, Sehnen, Fett etc. befreien, feine Streifen schneiden und mit obiger Marinade übergießen, einige Stunden beizen. Das Mehl in heißem Öl hellbraun rösten, die feingeschnittene Zwiebel dazu kurz mitrösten, mit dem Gurkerlwasser ablöschen, die Bouillon dazu Zitrone, Lorbeer und die Crème fraîche dazu, 15 Min. verkochen lassen, Zitrone und Lorbeer heraus, mit Pfeffer, Salz, evtl. Suppenpulver abschmecken, das geschnittene Herz samt Marinade und geraspelter Karotte dazu und gut verkochen lassen. Dazu passt natürlich ein Semmel- oder Serviettenknödel.

ALLE ZUTATEN SIND FÜR 4 PERSONEN BERECHNET.

MEIN KÜCHENTIPP:

Die Marinade für das Kalbsherzragout ist auch für Kalbsbeuscherl ein Supertipp, welches einen Tag vor der Zubereitung damit mariniert werden sollte.

HOLLERKOCH
mit Pofesen

1/2 kg gerebelter Holler
1/4 kg Zucker
Saft von einer Zitrone
Rum, Vanillezucker
Zimtstange
10 halbierte Zwetschken
1/8 l Rotwein

1 Striezel oder Milchbrot in Scheiben geschnitten
2 Eier
1/4 l Milch
2 EL Rum versprudeln

Holler, Zucker, Zitrone, Rum, Vanillezucker, Zimtstange, Zwetschken und Rotwein bei kleiner Hitze 20 Minuten köcheln lassen und sodann auskühlen.

Den Striezel bzw. die Brotscheiben darin gut „tränken" und sodann in heißem, geschmacklosem Fett braun backen. Mit Zimt und Zucker bestreuen und noch heiß zu dem Hollerkoch legen.

ALLE ZUTATEN SIND FÜR 4 PERSONEN BERECHNET.

BERTA MEIXNER
MEIXNER`S GASTWIRTSCHAFT Wien 10, Buchengasse 64

Topfenschmarren mit Beerenragout

KALBSKUTTELN
in Paradeis-Basilikum-Sauce

80 dag Kalbskutteln geputzt
2-3 Lorbeerblätter
1-2 Zwiebeln
ca. 1/16 l Weißweinessig
Salz, Pfefferkörner

Sauce:
1 fein geschnittene Zwiebel
2-3 EL Tomatenmark
frische in feine Streifen geschnittene Basilikumblätter
3 fein gehackte Knoblauchzehen
1/8 l Weißwein
1/4 l Rindsuppe zum Aufgießen (ev. Suppenpulver)
1/4 l-Becher Schlagobers
Salz, Pfeffer

Die Kalbskutteln in reichlich Wasser mit den Lorbeerblättern, Zwiebeln, Weißweinessig, Salz und Pfefferkörnern 1,5 bis 3 Stunden weich kochen, danach abseihen, etwas überkühlen lassen und noch im lauwarmen Zustand in feine Streifen schneiden.

Die fein geschnittene Zwiebel hell anrösten, die Kalbskutteln beigeben, leicht mitrösten, dann das Tomatenmark und den gehackten Knoblauch. Mit Weißwein ablöschen und mit der Rindsuppe aufgießen. Mit Salz und Pfeffer würzen, mit Schlagobers aufgießen und bis zur cremigen Konsistenz einkochen. Kurz vor dem Anrichten das fein geschnittene Basilikum hinzugeben.

GEBRATENES FILET VOM NEUSIEDLERSEE-ZANDER
mit Krautfleckerln

4 Stk. Zanderfilet à 180 g
Olivenöl
Salz, Pfeffer
Kümmel (gemahlen und ganz)
40 g Butter
40 dag Weißkraut würfelig geschnitten
2 EL Kristallzucker
200 g Fleckerln
1 Zwiebel geschnitten
1/8 l Riesling
1/8 l Rindsuppe

Gebratener Zander:
Die Zanderfilets in Olivenöl je nach Stärke ca. 3-4 Minuten auf jeder Seite gut anbraten, danach leicht ziehen lassen, damit sie innen schön glasig sind, Butter dazugeben, nochmals in der braunen Butter wenden und auf den fertigen Krautfleckerln anrichten.

Krautfleckerln:
Kristallzucker in einer Pfanne karamellisieren, geschnittene Zwiebel und Kraut hinzugeben, mit Riesling ablöschen, Rindsuppe hinzugeben, würzen, einkochen lassen. Etwas Flüssigkeit abgießen, mit ganzem Kümmel würzen und mit Butter montieren. Die gekochten Fleckerln hinzugeben, abschmecken.

ALLE ZUTATEN SIND FÜR 4 PERSONEN BERECHNET.

MEIN KÜCHENTIPP:

Seit Jahren erfreuen sich Kutteln in unserem Lokal immer größerer Beliebtheit, aber wenn wir mit unseren Gästen darüber plaudern, schreckt jeder vor der Zubereitung zurück. Kutteln bekommt man heute vom Fleischer seines Vertrauens schneeweiß gereinigt – die Angst vor dem großen, übelriechenden Kuttelputzen ist unbegründet! Einfach über Nacht die Kutteln nochmals im Kühlschrank auswässern (in ein Gefäß mit Wasser geben) und laut Rezept weiter vorgehen.

P.S.: Unser Fleischer heißt Eder, 1100 Wien, Herzgasse 7, und ist der letzte „Selcher" in Favoriten.

TOPFEN-SCHMARREN
mit Beerenragout

250 g Topfen 20%
2 EL Butter
für die Pfanne
60 g Maizena
1 EL Crème fraîche
geriebene
Zitronenschale
4 Eidotter
3 Eiweiß
1 Prise Salz

Beerenragout:
300 g frische Beeren
(Heidelbeeren,
Himbeeren, ...)
1 dl Beerenauslese
150 g Kristallzucker

Topfenschmarren:
Topfen, Maizena, Crème fraîche, geriebene Zitronenschale und Eidotter zu einer Masse verrühren, ca. 1 Stunde rasten lassen. Den geschlagenen Eischnee vorsichtig unter die Masse rühren, in einer bebutterten Pfanne im Ofen bei ca. 160-170 Grad ca. 20-25 Minuten goldbraun backen. Vorsichtig zerreißen und mit Staubzucker bestreuen.

Beerenragout:
Beerenauslese mit Kristallzucker aufkochen, danach die Beeren hinzugeben, auskühlen lassen und mit dem Topfenschmarren servieren.

ALLE ZUTATEN SIND FÜR 4 PERSONEN BERECHNET.

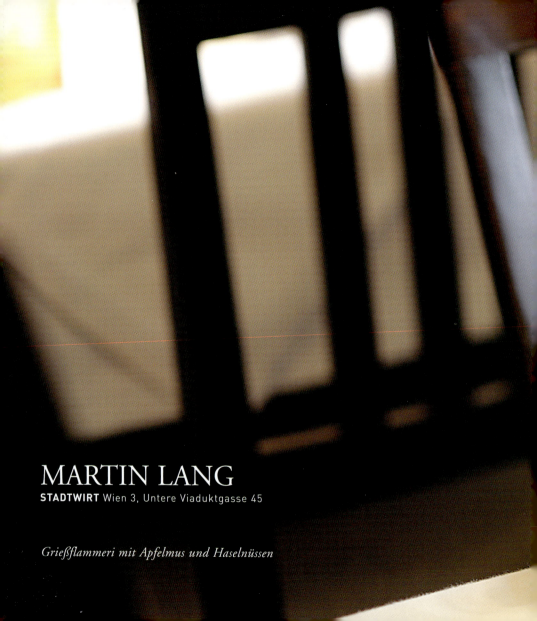

MARTIN LANG
STADTWIRT Wien 3, Untere Viaduktgasse 45

Grießflammeri mit Apfelmus und Haselnüssen

KALBSEINMACHSUPPE
mit gebackener Hirnpalatschinke und Gartenkräutern

Suppe:
250 g Kalbsschulter
und Kalbsknochen
100 g Wurzelwerk
Zwiebel mit Schale
20 g Mehl
20 g Butter, Salz
8 Pfefferkörner
2 Lorbeerblätter
Muskatnuss
Zitronenschale ger.
1/4 l Obers
1 l Wasser
Kerbel, Petersilie,
Dille gehackt

Palatschinke:
2 Eier, 60 g Mehl
ca. 1 dl Milch
1 Prise Salz
Petersilie gehackt

Hirnfülle:
150 g Kalbshirn
enthäutet
1 Ei
1/2 Zwiebel gehackt
Petersilie gehackt
Salz, Pfeffer

Gewaschenes Kalbfleisch und Knochen mit Wasser bedecken. Wurzelwerk, Zwiebel, Salz, Pfefferkörner, Lorbeerblätter beigeben und kochen. Suppe abseihen.
Butter erhitzen, Mehl darin anschwitzen, mit Suppe und Obers aufgießen. 10 Min. kochen.
Suppe mit Salz, Pfeffer und Muskatnuss würzen und mit den gehackten Kräutern vollenden.

Palatschinke:
Milch und Eier verrühren, Mehl, Petersilie und Salz dazumischen. Fett in einer Pfanne erhitzen, den Teig dünn eingießen und beidseitig goldgelb backen.

Hirnfülle:
Zwiebel in Öl rösten, feingehacktes Hirn dazugeben und mitrösten. Petersilie, Ei und Gewürze darunter mischen. Die Masse unter ständigem Rühren zu cremiger Konsistenz rösten.

Palatschinken mit Hirnfülle bestreichen, rollen und mit Klarsichtfolie umwickeln. 10 Minuten im Kühlschrank rasten lassen. In 2 cm große Stücke schneiden, in Mehl, Ei und Bröseln panieren und in Butterschmalz herausbacken.
Suppe in Teller geben, gebackene Hirnpalatschinken dazu und mit Kräutern bestreuen.

KÜMMELBRATEN VOM SPANFERKEL
mit Paradeiskraut u. Polentakrapferln

Kümmelbraten:
2 kg Spanferkelrücken mit Schwarte und Rippen
500 g Schweinsknochen klein gehackt
Salz, Kümmel
Knoblauch

Paradeiskraut:
600 g Weißkraut fein geschnitten
50 g Zwiebeln
200 g geschälte Paradeiser
5 EL Butterschmalz oder Öl
1/4 l Weißwein
Kristallzucker, Salz

Polentakrapferl:
180 g Maisgrieß
1/4 l Wasser
1/4 l Milch
40 g Butter
2 Eidotter
Salz
Muskatnuss

ALLE ZUTATEN SIND FÜR 4 PERSONEN BERECHNET.

Kümmelbraten:

In Bratenpfanne 1 cm hoch Wasser eingießen, Knoblauch, Kümmel und Salz dazu.
Spanferkelrücken mit Schwarte nach unten in das kochende Wasser legen und 10 Min. bei kleiner Hitze köcheln lassen. Spanferkelrücken aus der Pfanne nehmen, Haut einschneiden, mit Salz, Kümmel und Knoblauch würzen, mit der Schwarte nach oben in eine Pfanne mit den gehackten Knochen legen und zirka 20 bis 25 Min. bei 190 Grad braten. Den Bratenrückstand mit Mehl stauben, mit Wasser aufgießen und verkochen lassen. Abseihen, mit Salz, Pfeffer, Kümmel und Knoblauch würzen.

Paradeiskraut:

Kraut einsalzen, mit etwas Zucker und ca. 1/8 l Weißwein marinieren. Zirka eine halbe Stunde rasten lassen. Zwiebel anschwitzen, 1 EL Zucker beigeben, gut durchrühren, mit restlichem Wein ablöschen.
Kraut samt Marinade und Paradeisern dazugeben, weichdünsten.

Polentakrapferl:

Milch, Wasser und Butter zum Kochen bringen, Maisgrieß einlaufen lassen und unter ständigem Rühren bei kleiner Hitze ca. 10 Minuten kochen.
Die Masse etwas überkühlen lassen, Salz, Muskat und Eidotter einrühren und auf ein geöltes Blech zirka 2 cm hoch aufstreichen.
Masse in Kühlschrank stellen und zirka eine halbe Stunde auskühlen lassen. Mit einem Ausstecher oder Glas runde Krapferln ausstechen und in wenig Fett knusprig braten.

GRIESS- FLAMMERI
mit Apfelmus und Haselnüssen im Glas serviert

Grießflammeri:
3/8 l Milch
60 g feiner Weizengrieß
3/8 l Schlagobers
75 g Kristallzucker
1 1/2 Blatt Gelatine
geriebene Zitronen- und Orangenschale
etwas Orangenlikör
Prise Salz

Haselnussgrillage:
250 g Zucker
250 g Haselnüsse

Apfelmus:
650 g Äpfel
120 g Kristallzucker
Zimtrinde
Gewürznelken
1/8 Gelber Muskateller
1/8 l Wasser

Grießflammeri:

Gelatine in kaltem Wasser einweichen. Milch mit Kristallzucker, Salz aufkochen. Grieß unter ständigem Rühren in die Milch einkochen. Die fertige Masse in eine Schüssel geben, eingeweichte und erhitzte Gelatine dazugeben. Geschlagenes Obers, Orangenlikör und geriebene Zitrusschalen dazumischen.

Haselnussgrillage:

Zucker in Pfanne zu Karamell bräunen, Haselnüsse dazugeben und die Masse auf ein befettetes Blech geben. Nach dem Erkalten grob hacken.

ALLE ZUTATEN SIND FÜR 4 PERSONEN BERECHNET.

Apfelmus:
Wasser mit Wein, Zucker und Gewürzen aufkochen und nach 5 Minuten abseihen. Geschälte Äpfel dazugeben, weichkochen und mit Stabmixer pürieren. Flammeri-Masse, Apfelmus und Haselnussgrillage schichtenweise in Gläser (z.B. Whisky Tumbler) füllen und am Schluss mit Schokoladenstreusel garnieren.

MEIN KÜCHENTIPP:

Wer es gerne ein bisschen deftiger mag, kann statt des Spanferkelrückens auch das Spanferkelbrüst'l nehmen.

OLIVER SCHEIBLAUER

ADVENTURE CATERING Wien 21, Einzingergasse 4

*Geschmorter Ochsenschwanz mit
gebackenen Froschschenkeln*

KALBSZUNGEN-SALAT MIT LAUWARMEM SEMMELKREN
und knusprigen Grammeln

1 Stk. Kalbszunge
1/2 Stk. Kalbsfuß
1 kleine Karotte
1 gelbe Rübe
1/2 Knolle Sellerie
1 Pastinake
1 Zwiebel
Salz, Pfeffer
Lorbeer, Liebstöckl
Apfelessig, Mohnöl
Schnittlauch

Semmelkren:
3 Semmeln vom Vortag, in Würfel geschnitten
1/4 l Rindsuppe
50g Obers
Salz, Pfeffer, Muskat
frischer Kren
2 EL Schnittlauch

Grammeln:
100g Grammeln
1 kleine Knoblauchzehe
1 EL gehackte Petersilie
Salz, Pfeffer

Zunge und Fuß gut waschen, mit lauwarmem Wasser bedecken, leicht salzen und langsam aufkochen lassen. Hitze reduzieren und aufsteigenden Schaum ständig abschöpfen. Nach einer halben Stunde Gemüse, Liebstöckl und Gewürze beigeben. Wenn die Zunge weich ist, in kaltem Wasser abschrecken und sofort häuten. Zunge in feine 2 cm breite Streifen schneiden. Das Gemüse ebenfalls schneiden. Kalbsfond etwas einkochen, passieren, mit Apfelessig und Mohnöl abschmecken.

Semmelkren:
Rindsuppe aufkochen, mit Salz, Pfeffer, Muskat würzen, etwas abkühlen lassen. Semmelwürfel und Obers dazugeben und vermischen. Vor dem Servieren mit frischem Kren und Schnittlauch abschmecken.

Grammeln:
Grammeln in einer Pfanne langsam auslaufen lassen bis sie knusprig sind, Fett weg leeren. Knoblauch fein hacken zu den Grammeln geben und ca. 1 Minute weiterrösten. Mit Salz, Pfeffer abschmecken und die Petersilie untermischen.

Semmelkren in einem tiefen Teller anrichten. Die Zunge und das Gemüse mit der Marinade überglänzen. Die Grammeln darüberstreuen und mit ein paar Schnittlauchhalmen dekorieren.

GESCHMORTER OCHSENSCHWANZ
mit gebackenen Froschschenkeln, dazu würziger Kipferlauflauf und Selleriepüree

Ochsenschwanz:
4 Stk. Ochsenschwanz, Segmente vom dicken Teil (Anfang)
2 Zwiebeln
1 gr. Karotte
1 gelbe Rübe
1/2 Sellerie
2 Knoblauchzehen
1 EL Tomatenmark
2 Tomaten
3/4 l kräftiger Rotwein
2 l Rindsuppe
Salz, Pfeffer, Thymian, Lorbeer, Wacholder
2 mittlere Kartoffeln, fein gerieben

ALLE ZUTATEN SIND FÜR 4 PERSONEN BERECHNET.

Ochsenschwanzstücke waschen, trockentupfen, mit Salz und Pfeffer würzen. Eine Stunde bei Zimmertemperatur ziehen lassen. In einem schweren Topf 3 EL Butterschmalz erhitzen und die Fleischstücke rundum gleichmäßig anbraten. Zwiebeln, Gemüse beigeben und weitere 10 Minuten rösten. Knoblauch, Tomatenmark und geschnittene Tomaten beimengen und langsam reduzieren. Mit Rotwein ablöschen und ganz verkochen lassen, anschließend mit der Rindssuppe auffüllen, die geriebenen Kartoffeln zugeben und weich schmoren. Immer wieder den Schaum abschöpfen. Zirka 20 Minuten vor Garende Wacholder, Thymian und Lorbeer beimengen. Wenn das Fleisch weich ist, die Stücke herausnehmen und mit Folie abdecken, damit das Fleisch nicht austrocknet. Die Sauce passieren, abschmecken, die Fleischstücke wieder in die Sauce geben und bis zum Servieren warm halten.

MEIN KÜCHENTIPP:

Ziehen Sie die Semmelwürfel behutsam unter die Suppe, damit sie etwas von ihrer Form behalten. Schmeckt besser und sieht besser aus.

Kipferlauflauf:
6 mürbe Kipferln
1/4 l Rindsuppe lauwarm
3 Eier
Salz, Pfeffer, Muskat
Petersilie gehackt

Selleriepüree:
1 gr. Sellerieknolle
1 l Gemüsesuppe
1 Zwiebel
2 mehlige Erdäpfel
50g Butter
Selleriesalz, Pfeffer
Zitronensaft

Froschschenkel:
4 Stk. Froschschenkel
Salz, Pfeffer
griffiges Mehl
1 Ei
Brösel gemischt mit frischem Thymian, gezupft, gehackt
Öl zum Frittieren

Kipferln in Scheiben schneiden und mit Rindsuppe einweichen. Eier und Gewürze ca. 10 Minuten schaumig schlagen. Eiermasse, Petersilie, Kipferln vorsichtig miteinander vermengen und in eine Kastenform einfüllen. Im Backrohr bei 180 Grad ca. 25-30 Min. backen. Kurz überkühlen lassen und stürzen. Vor dem Servieren in gleichmäßig große Würfel schneiden.

Selleriepüree:
Sellerie, Erdäpfel und Zwiebel schälen, in Würfel schneiden und in der Suppe sehr weich kochen. Mit einem Schneebesen die Masse zu einem Püree schlagen. Butter beifügen, mit Salz, Pfeffer und Zitronensaft abschmecken.

Froschschenkel:
Froschschenkel waschen, trocknen und mit Salz und Pfeffer würzen. Schenkel mit Mehl, Ei, Kräuterbröseln panieren und bei 180 Grad ca. 2 Min. ausbacken.

WEINBERG-PFIRSICH IN ROSEN-WASSERHONIG
mit Waldbeerenschaum und karamellisierten Nüssen

2 große Weinbergpfirsiche
Blütenblätter von 2 unbehandelten gelben Rosen
1/2 l Wasser
3 EL Waldhonig
1/2 Zimtstange
3 Stk. getr. Nelken
4 frische Weinblätter

Waldbeerenschaum:
150ml Saft von frischen Waldbeeren
3 Dotter
3 EL Zucker
1 Ei
1 Stamperl Beerenschnaps

ALLE ZUTATEN SIND FÜR 4 PERSONEN BERECHNET.

Pfirsiche kreuzweise einschneiden und in kochendem Wasser 10 Sekunden überkochen. In kaltem Wasser abschrecken und die Haut abziehen. Wasser, Honig, Zimt und Nelken aufkochen, Topf vom Herd ziehen und die Rosenblätter dazugeben. 30 Minuten ziehen lassen. Fond passieren, die Pfirsiche einlegen und unter dem Siedepunkt ca. 10 Minuten ziehen lassen.

Waldbeerenschaum: Waldbeersaft, Dotter, Ei und Zucker über Dampf sehr schaumig schlagen und mit dem Schnaps abrunden.

HANS-PETER FINK

ROTE BAR, SACHER Wien 1, Philharmonikerstraße 4

Schweine-Ohrwaschln

SAUERKRAUTSUPPE
mit Ganslpalatschinke

250 g frisches Sauerkraut
750 ml Geflügelfond
250 ml Weißwein
200 ml Schlagobers
50 g Gänseleber
50 g Hamburger Speck
1 kl. Zwiebel
2 EL Olivenöl
1 Lorbeerblatt
Salz, Pfeffer
frittiertes Sauerkraut als Garnitur

Palatschinkenteig:
50 g Mehl
1 Ei
Schuss Milch
etwas flüssige Butter
Salz, Muskatnuss gemahlen
Schnittlauch, gehackt
Butter zum Herausbacken

Speck und Zwiebel kleinwürfelig schneiden und gemeinsam hell anrösten. Sauerkraut sowie Salz, Pfeffer und Lorbeerblatt dazugeben und mit etwas Geflügelfond zugedeckt ca. 45 Minuten weich dünsten. Sauerkraut passieren und etwas Sauerkraut für die Palatschinke beiseite legen. Restliches Sauerkraut in einem Topf mit restlichem Geflügelfond und Weißwein aufkochen. Kräftig durchkochen und abschließend mit ca. 50 ml Schlagobers verfeinern. Nochmals abschmecken. Inzwischen die Gänseleber in Olivenöl beidseitig rosa braten und gemeinsam mit 150 ml Obers mixen. Mit Salz und Pfeffer würzen. Für den Palatschinkenteig alle angegebenen Zutaten vermischen und in heißer Butter eine Palatschinke backen. Herausnehmen, mit der Gänselebermousse bestreichen, mit dem beiseite gelegten Sauerkraut belegen und zusammenrollen. Palatschinke in Scheiben schneiden. Sauerkrautsuppe in tiefe Teller füllen, Palatschinken einlegen und mit frittiertem Sauerkraut garnieren.

Garungsdauer: 50-55 Minuten.

WIENER TAFELSPITZ
mit Rösti, Schnittlauchsauce und Apfelkren

(Zutaten für 6 Personen)

1 Stk. Tafelspitz ca. 1800g (auf Fettansatz und helle Farbe des Fettes achten)
3 Karotten
3 gelbe Rüben
1 Stk. keine Sellerie
1 Zwiebel
5 l Wasser
2 Lorbeerblätter
10 Pfefferkörner
2 Wacholderbeeren

Rösti:
1200g geschälte Erdäpfel gekocht (in der Schale).
Pflanzenöl,
Salz, Muskat

Schnittlauchsauce:
2 hart gekochte Eier
100g Pflanzenöl
2 Scheiben Toastbrot entrindet, 250g Milch
250g Sauerrahm
Salz, weißer Pfeffer
Schnittlauch fein geschnitten

Für den Apfelkren:
2 säuerliche Äpfel gerieben
1 EL Staubzucker
2 cl Apfelessig
50g geriebener Kren (oder Krenpaste).
Salz, evtl. ein paar Tropfen von der Rindssuppe

Das Wasser in einem geräumigen Kochtopf zum Kochen bringen, das Fleisch zwar von Sehnen und Häuten befreien, aber nicht ohne den Fettdeckel einkochen. Eine halbe Stunde kräftig kochen lassen und immer wieder den aufsteigenden Schaum abschöpfen. Danach das geschälte Gemüse in Würfel geschnitten sowie die Suppen-Gewürze zugeben. Die Hitze so reduzieren, dass die Temperatur gerade am Siedepunkt ist. Das Fleisch sollte etwa 2-3 Stunden ganz langsam köcheln. Inzwischen die Erdäpfel kochen, schälen und mit einem Küchenhobel in feine Streifen hobeln. Für die Schnittlauchsauce das in Milch eingeweichte Toastbrot ausdrücken und mit den restlichen Zutaten mixen (am besten ist hierfür ein Stabmixer geeignet). Die Sauce kräftig abschmecken und in Saucieren füllen und kaltstellen. Geriebene Äpfel mit allen Zutaten gut verrühren, ebenfalls in Saucieren geben und kühlen. Die geriebenen Erdäpfel in reichlich Öl beidseitig knusprig ausbacken und auf Küchenpapier abtropfen lassen. Den Tafelspitz mit einer Fleischgabel zur Probe anstechen; lässt sich die Gabel schon leicht ins Fleisch drücken, so ist der Tafelspitz fertig. Vor dem Aufschneiden kurz rasten lassen, evtl. vorweg die so entstandene Rindsuppe mit einer traditionellen Einlage genießen. Der Tafelspitz kann jetzt in sechs gleich große Tranchen geschnitten, mit Salz und Schnittlauch bestreut, in vorgewärmten Suppentellern angerichtet werden. Das mitgekochte Gemüse als Beilage, den Rösti die Saucen an die Seite stellen.

ALLE ZUTATEN SIND FÜR 4-6 PERSONEN BERECHNET.

SCHWEINE-OHRWASCHLN

300 g Blätterteig
150 g Feinkristall- oder Backzucker
200 g Zartbitter-Schokolade

Den Blätterteig auf einem angezuckerten Brett 2 mm dünn ausrollen, mit reichlich Backzucker bestreuen und in zwei Rechtecke 250 mm mal 140 mm teilen. Jedes Teigblatt gegenseitig einrollen und die Doppelrollen 20 Minuten im Tiefkühlfach ruhen lassen. In 7 mm dicke Scheiben schneiden und auf einem mit Backpapier ausgelegten Blech bei 200° C im vorgeheizten Ofen backen, bis sie auf der einen Seite braun sind: Umdrehen und den Zucker auch auf der anderen Seite goldbraun schmelzen lassen. Aus dem Rohr nehmen und auskühlen lassen. Die Schweineohren bis zur Hälfte in die im Wasserbad geschmolzene Bitterschokolade tauchen und die Glasur auf Backpapier trocknen lassen.

MEIN KÜCHENTIPP:

Die Rindsuppe für den Tafelspitz niemals vorher salzen, da das Fleisch sonst rot und eventuell auch trocken werden könnte.

ALLE ZUTATEN SIND FÜR 4-6 PERSONEN BERECHNET.

DIE 100 BESTEN WIRTSHÄUSER WIENS

WIEN I

AUGUSTINERKELLER
Augustinerstraße 1
T 533 10 26
W www.bitzinger.at
geöffnet: täglich 11-24 Uhr
Küche: bis 23.30 Uhr

Einer der letzten Klosterkeller der Altstadt mit traditioneller Wiener Gastlichkeit und täglicher Heurigenmusik.

APPIANO – DAS GASTHAUS
Schottenbastei 4
T 533 61 28
W www.appiano-dasgasthaus.at
geöffnet: Mo-Fr 11.30-24 Uhr
Küche: 11.30-15 Uhr, 18-22 Uhr

Im Herzen Wiens und in urtypischer Atmosphäre finden Wiener und mediterrane Küche in liebevoller Symbiose zusammen.

BREZLGWÖLB
Ledererhof 9
T 533 88 11
E info@brezl.at
W www.brezl.at
geöffnet: täglich 11.30-1 Uhr
Küche: bis 23 Uhr

Einst Treffpunkt der Wiener Studenten – heute Geheimtipp für gute Wiener Hausmannskost für jedermann.

DOMBEISL
Schulerstraße 4
geöffnet: Mo-Fr 10-18 Uhr
durchgehend warme Küche

Hier, wo hinterm Stephansdom Fiaker auf Ministerialräte treffen, gibt es vielleicht das beste Fiakergulasch Wiens.

GASTWIRTSCHAFT HUTH
Schellinggasse 5
T 513 56 44
E info@zum-huth.at
W www.zum-huth.at
geöffnet: täglich 11.30-24 Uhr
Küche: 12-23 Uhr

Eine der besten und verlässlichsten Wiener Gastwirtschaften, die zudem auch am Sonntag geöffnet hat.

GÖSSER BIERKLINIK
Steindlgasse 4
T 535 68 97
W www.goesser-bierklinik.at
geöffnet: Mo-Sa 10-23.30 Uhr
Küche: 10-23 Uhr

Eines der ältesten Gasthäuser Wiens und für Bierkenner die erste Adresse der Stadt.

GRIECHENBEISL
Fleischmarkt 11
T 533 19 77
E office@griechenbeisl.at
W www.griechenbeisl.at
geöffnet: täglich 11-1 Uhr
Küche: 11.30-23.30 Uhr

Einst traf man sich hier, um zu diskutieren und sinnieren, heute bleibt es zumeist beim Essen und Trinken.

GUSTL BAUER
Drahtgasse 2
T 533 58 89
geöffnet: Mo-Sa 11-23 Uhr
Küche: 11.30-22.30 Uhr

Eines der Lieblingslokale von Altbürgermeister Zilk mit authentischer Wiener Beislkultur und großartiger Weinkarte.

HEBENSTREIT
Rockhgasse 1
T 533 76 87
E Hebenstreit1@aon.at
geöffnet: Mo-Fr 11.30-24 Uhr
Küche: 11.30-23.30 Uhr

Studentisches Flair mit Wohnzimmeratmosphäre, guten Steaks und sehr guter Pasta.

HEDRICH
Stubenring 2
T 512 95 88
geöffnet: Mo-Fr 11-21 Uhr
Küche: durchgehend bis 21 Uhr
Ausgezeichnete Küche, zu wenig beachtet. Wahre Kenner meinen: „Einmal Hedrich, immer Hedrich".

IMMERVOLL
Weihburggasse 17
T 513 52 88
geöffnet: täglich 12-24 Uhr
Küche: bis 22.45 Uhr
Gute Küche, entspannte Atmosphäre und persönliches Service für Jung und Alt, bürgerliche und schräge Vögel.

KERN´S BEISL
Kleeblattgasse 4
T 533 91 88
W www.kernbeisl.at
geöffnet: Mo-Fr 9-23 Uhr
Küche: 11.30-15 Uhr, 18-22 Uhr

Im Kern: Wiener Hausmannskost vom Feinsten. Ausflüge in exotische Küchen nicht ausgeschlossen.

KUCHLDRAGONER
Seitenstettengasse 3
T 533 83 71
E kuchldragoner@chello.at
W www.kuchldragoner.at
geöffnet: So-Do 11-2 Uhr
Fr, Sa 11-4 Uhr
Küche: warme Küche bis zur Sperrstunde
365 Tage im Jahr, rund um die Uhr traditionelle Wiener Hausmannskost im Mix mit saisonalen Spezialitäten der internationalen Küche.

MINORITENSTÜBERL
Minoritenplatz 5
T 533 52 81
geöffnet: Mo-Do 6-16 Uhr
Fr 6-15 Uhr
Küche: 11.30-14 Uhr
Das Lokal im Unterrichts-ministerium bietet Menüs zu günstigen Preisen und eine täglich wechselnde Speisekarte.

PFUDL
Bäckerstraße 22
T 512 67 05
W www.gasthauspfudl.com
geöffnet: täglich 10-24 Uhr
Küche: 11.30-23 Uhr
Tafelspitz, Fiakergulasch und Alt-Wiener Backfleisch gehören zu den Klassikern dieses typischen Wiener Gasthauses.

REINTHALER
Gluckgasse 5
T 512 33 66
geöffnet: Mo-Fr 9-23 Uhr
Küche: 11.30-22 Uhr
Wiener Beislfrühstück und günstige Mittagsmenüs mit Hausmannskost in typisch Wiener Atmosphäre.

WEIBELS WIRTSHAUS
Kumpfgasse 2
T 512 39 86
W www.weibel.at
geöffnet: täglich 11.30-24 Uhr
Küche: durchgehend bis 23.30
Bei einem der Pioniere der österreichischen Weinkultur wird auch qualitativ hoch-wertige Wiener Wirtshaus-küche geboten.

ZU DEN 3 HACKEN
Singerstraße 28
T 512 58 95
E vinum@utanet.at
W www.vinum-wien.at
geöffnet: Mo-Sa 11-24 Uhr
Küche: 11.30-23 Uhr

Dort, wo einst Franz Schubert speiste, wird heute beste Wiener Küche auf höchstem Niveau serviert.

WIEN II

ALTES JÄGERHAUS
Freudenau 255
T 728 95 77
E altesjaegerhaus@aon.at
W www.altes-jaegerhaus.com
geöffnet: täglich 9-23 Uhr
Küche: 11.30-22 Uhr

Das ehemalige Gesinde- und Stallungshaus des Kaisers bietet heute ein umfangreiches Speiseangebot.

GASTHAUS NESTROY
Weintraubengasse 7
T 581 13 46
E gasthausnestroy@aon.at
W www.gasthausnestroy.at
geöffnet: Mo-Fr 11-23 Uhr

Seine Eltern betrieben das berühmte „Butterfaßl" im Prater, jetzt beweist der Sohn, was er von Kindesbeinen an gelernt hat.

HANSY
Heinestraße 42
T 214 53 63
E office@hansy-braeu.at
W www.hansy-braeu.at
geöffnet: täglich 10-23 Uhr
Küche: 11-22.30 Uhr

Neben der hauseigenen Bierbrauerei gibt es die besten Weine der Wiener Winzer und gute Wiener Küche in entspannter Atmosphäre.

SCHWEIZERHAUS
Straße des Ersten Mai
Prater 116
T 728 01 52
E info@schweizerhaus.at
W www.schweizerhaus.at
geöffnet: Mo-Fr 11-23 Uhr,
Sa/So/Fei 10-23 Uhr
durchgehend warme Küche

Wahrzeichen Wiens und des Praters: Berühmt für seine gegrillten Stelzen und das gezapfte Budweiser-Fassbier.

SKOPIK & LOHN
Leopoldsgasse 17
T 219 89 77
E office@skopikundlohn.at
W www.skopikundlohn.at
geöffnet: täglich 17-1 Uhr
Küche bis 23 Uhr

Wiener Klassiker in wunderbarer Symbiose mit moderner, leichter Küche. Gute Weine, gepflegte Biere, moderate Preise.

ZUM ENGLISCHEN REITER
Straße des Ersten Mai
Prater 58
T 728 07 59
geöffnet: täglich 10-24 Uhr
durchgehend warme Küche

1904 spielt hier die Zigeunerkapelle Lakatos Miklós, heute ist der Englische Reiter eines der beliebtesten Tanz-Restaurants des Praters.

WIEN III

AMON'S GASTWIRTSCHAFT
Schlachthausgasse 13
T 798 81 66
W www.amon.at
geöffnet: Mo-Sa 10-24 Uhr
So/Fei 10-16 Uhr
Küche: Mo-Sa bis 23 Uhr
So/Fei 11-15 Uhr

Erlebnisgastronomie Altwiener Ursprungs mit Festsaal, Wintergarten, Hofplatzl, Garten, Laube, etc.

FASANLWIRT
Rennweg 24
T 798 45 51
geöffnet: Mo-Fr 8.30-24 Uhr
So/Fei 10-24 Uhr
Küche: durchgehend bis 23 Uhr

Gepflegte Hausmannskost zu günstigen Preisen, fast rund um die Uhr.

GMOA KELLER
Am Heumarkt 25
T 712 53 10
E sebastian.laskowsky@chello.at
W www.gmoakeller.at
geöffnet: Mo-Sa 11-24 Uhr
durchgehend warme Küche

Ursprüngliche Wiener Gerichte, serviert in großen Portionen unter stimmungsvoll alten Kellergewölben.

OHRFANDL
Seidlgasse 36
T 712 45 82-22
geöffnet: Mo-Fr 9-22 Uhr
Sa 9-14 Uhr
Küche: durchgehend bis 21 Uhr, Sa bis 14 Uhr

Mischung aus Stadtheurigem und Bierlokal mit deftiger Hausmannskost.

SALM BRÄU
Rennweg 8
T 799 59 92
E office@salmbraeu.com
W www.salmbraeu.com
geöffnet: täglich 11-14 Uhr
Küche: bis 23 Uhr

Brauerei, Brennerei und Gaststätte in einem ehemaligen Kloster.

SEIDL
Ungargasse 63
T 713 17 81
E franz.seidl@chello.at
geöffnet: Mo-Fr 10-23 Uhr
Küche 11-14 Uhr und 18-22 Uhr

Wirtshaus mit Seltenheitswert. Wiener Küche kreativ und leicht verfeinert.

STADTWIRT
Untere Viaduktgasse 45
T 713 38 28
E wirt@stadtwirt.at
W www.stadtwirt.at
geöffnet: Mo-Fr 10-24 Uhr
Sa 16-1 Uhr
Küche: Mo-Fr 11-23 Uhr, Sa 17-23 Uhr

„Hier kocht der Wirt, kommen Sie trotzdem herein" ... dem Stadtwirt-Motto ist nichts hinzuzufügen.

UNFRIED ZUM POSTHORN
Posthorngasse 6
T 966 38 86
E unfried_keg@chello.at
geöffnet: Mo-Fr 11-24 Uhr
Sa 18-24 Uhr
Küche: Mo-Fr 11.30-22 Uhr
Sa bis 22 Uhr

Ausgezeichnete Wiener Küche mit Klassikern wird hier zu angemessenen Preisen in angenehmer Atmosphäre serviert.

WILD
Radetzkyplatz 1
T 920 94 77
E wild@chello.at
geöffnet: täglich 9-1 Uhr
Küche: 11.30-23 Uhr
Wirtshaus- und Weinkultur in gepflegtem, stilvollem Ambiente.

ZUM ALTEN HELLER
Ungargasse 34
T 712 64 52
E karl.fuegert@chello.at
geöffnet: Di-Sa 11-23 Uhr
Küche: 11.30-22 Uhr
Vom Beinfleisch bis zum Rostbraten: Kulinarische Tradition wird hier gehegt und gepflegt.

WIEN IV

UBL
Preßgasse 26
T 587 64 37
geöffnet: täglich 12-14 Uhr und 18-24 Uhr
Küche: bis 13.30 bzw. 22 Uhr
Stimmung und Stil, die kaum wienerischer gehen – die Küche ist inzwischen international.

WEINKELLEREI ARTNER
Floragasse 6
T 503 50 33
E restaurant@artner.co.at
W www.artner.co.at
geöffnet: Mo-Fr 11-24 Uhr, Sa/So/Fei 18-22 Uhr
Küche: Mo-Fr 11.30-23 Uhr, Sa/So/Fei 18-22 Uhr
Schlichtes modernes Ambiente, gesunde, bodenständige Küche und ausgezeichnete eigene Weine.

ZUM SULZER
Kolschitzkygasse 10
T 505 34 25
geöffnet: tägl. 8.30-24 Uhr
Küche: 9 bis 21 Uhr
Hausmannskost zu günstigen Preisen und das 12 Stunden durchgehend.

ZUR EISERNEN ZEIT
Naschmarkt Stand 316
T 587 03 31
geöffnet: Mo-Sa 9-23 Uhr
Küche: 10-20 Uhr
Urige Gaststube mit Wiener Schmankerln und dem vielleicht besten Gulasch Wiens.

WIEN V

GASTWIRTSCHAFT ZUR GOLDENEN GLOCKE
Kettenbrückengasse 9
T 587 57 67
W www.zur-goldenen-glocke.at
geöffnet: Mo-Sa 11-14.30 Uhr und 17.30-24 Uhr
Küche: 11.30-14.25 und 18-22.30 Uhr
Gutbürgerliches Beisl mit einem der schönsten Pawlatschen-Gärten Wiens.

HAAS BEISL
Margaretenstraße 74
T 586 25 52
E wirt@haasbeisl.at
W www.haasbeisl.at
geöffnet: Mo-Fr 11-24 Uhr
Küche 11-14 Uhr, 8-22.30 Uhr
G'standenes, gemütliches Wiener Beisl mit Rezepten aus Großmutters Küche.

HORVATH
Hamburgerstraße 2
T 585 73 00
W www.gasthaushorvath.at
geöffnet: Mo-Fr 12-24 Uhr
Sa 17.30-24 Uhr
Küche: 12-15 Uhr und 17.30-23 Uhr

Eine Verbindung aus traditioneller und mediterraner Küche – alte Rezepte neu interpretiert.

RUDI´S BEISL
Wiedner Hauptstraße 88
1050 Wien
T 544 51 02
geöffnet: Mo-Fr 11-15 Uhr
und 18-23 Uhr
Küche: 11.30-14.30 Uhr und
18-22 Uhr

Der wahrscheinlich beste Tafelspitz der Stadt – und Gans´ln zum Niederknien.

WALD4TLER STUB´N
Wiedner Hauptstraße 89
T 544 83 31
E martin.neunteufel@chello.at
W www.wald4tler.at
geöffnet: tägl. 10-23 Uhr
Küche: durchgehend bis 22Uhr

Wiener Küche und hausgemachte Waldviertler Spezialitäten mit Grillabenden „All you can eat".

ZU DEN DREI BUCHTELN
Wehrgasse 9
T 587 83 65
geöffnet: Mo-Sa 18-24 Uhr
Küche: 18-23 Uhr

Deftige und sehr ursprüngliche böhmische Küche, wie sie im Kochbuch steht.

ZUM SCHWARZEN ADLER
Schönbrunner Straße 40
T 544 11 09
W www.schwarzeradler.net
geöffnet: Di-Sa 11.30-15 Uhr
und 18-23 Uhr
Küche: bis 14.30 Uhr bzw.
22.30 Uhr

Schönes Gasthaus, herrlicher Garten, reichhaltige Speisenauswahl, beste Weine.

ZUM STÖGER
Rampersdorffergasse 63
T 544 75 96
E stoeger@aon.at
W www.stoegerrestaurant.at
geöffnet: Mo 17-24 Uhr
Di-Sa 11-24 Uhr
Küche: durchgehend bis 23 Uhr

Seit Jahren unverändert: Gutbürgerliche Wiener Küche mit saisonalen Spezialitäten.

WIEN VI

SCHMALVOGL
Grabnergasse 14
T 597 03 75
geöffnet: Mo-Fr 11-24 Uhr
Küche bis 23 Uhr

Ideal für den kleinen Hunger zwischendurch. Snacks & Spezialitäten. Pub & Bier, Live- & Tanzmusik.

GASTWIRTSCHAFT STEMAN
Otto Bauer-Gasse 7
T 597 85 09
E steman.gastwirtschaft@aon.at
geöffnet: Mo-Fr 11-24 Uhr
Küche: durchgehend
bis 23 Uhr

Schinkenfleckerln, Eiernockerln, Wiener Schnitzel – einfache, gute Küche, täglich frische Menüs und freundliche Bedienung.

WIEN VII

ALTWIENER GASTWIRTSCHAFT SCHILLING
Burggasse 103
T 524 17 75
W www.schilling-wirt.at
geöffnet: täglich 11-1 Uhr
Küche: durchgehend bis 24 Uhr
Wunderschöne alte „Bretschneider"-Schank als Mittelpunkt des Gastraumes. Verfeinerte Hausmannskost.

GLACISBEISL
Breite Gasse 4
T 526 56 60
E mail@glacisbeisl.at
W www.glacisbeisl.at
geöffnet: täglich 11-2 Uhr
Küche: 12-23 Uhr
Wiener Beisl mit Tradition mit ausgezeichneter Küche in stimmungsvoller Atmosphäre.

GRÜNAUER
Hermanngasse 32
T 526 40 80
geöffnet: Mo-Fr 18-24 Uhr
Küche: durchgehend bis 22.30 Uhr
Einer der Allerbesten: Höchste Speisequalität, fulminanter Weinkeller. Ohne Reservierung bekommt man hier keinen Platz.

SCHREINER´S GASTWIRTSCHAFT
Westbahnstraße 42
T 990 37 83
E wirt@schreiners.cc
W www.schreiners.cc
geöffnet: Mo-Fr 17-24 Uhr
Küche: 17 bis 23 Uhr
Herzhafte Gustostückerln vom Jungstier, herrliche Rindsuppe, herzliche Bewirtung.

SPATZENNEST
St. Ulrichs-Platz 1
T 526 16 59
W www.gasthaus-spatzennest.at
geöffnet: So-Do 19-23.30 Uhr
Küche: durchgehend bis 22.30 Uhr
Wohlgefühl mit Wiener und saisonalen Schmankerln: hunde-, kinder- und menschenfreundlich.

ZU DEN ZWEI LIESERLN
Burggasse 63
T 523 32 82
E office@2lieserln.at
W www.2lieserln.at
geöffnet: täglich 11-23 Uhr
Eine Wiener „Institution" seit 1877. Ehrliche Wiener Küche und g'standene Hausmannskost.

ZUR STADT KREMS
Zieglergasse 37
T 523 72 00
geöffnet: Mo-Sa 11-14 Uhr und 18-24 Uhr, Sept.-Mai So 11-15 Uhr
Küche: bis 14 Uhr bzw. 22 Uhr
Bei der „Frau Chefin" ist man bestens aufgehoben: Schweinsbraten, Leber oder Niernderln – alles vom Feinsten.

WIEN VIII

BEIM CUMPELIK
Buchfeldgasse 10
T 403 25 20
E beimcumpelik@aon.at
geöffnet: Mo-Sa 10.30-14.30 Uhr und 18-23 Uhr

Herrlichkeiten der Wiener Beisl-Küche, wie man sie nur mehr selten findet.

ZUR FROMMEN HELENE
Josefstädter Straße 15
T 406 91 44
E restaurant@frommehelene.at
W www.frommehelene.at
geöffnet: täglich von 8-1 Uhr
Küche: durchgehend bis 24Uhr

Die hohe Stammgast- und Künstlerdichte spricht für die Qualität dieses Traditionswirtshauses.

ZUM NARRISCHEN KASTANIENBAUM
Strozzigasse 36
T 405 03 88
E info@kastanienbaum.net
W www.kastanienbaum.net
geöffnet: Mo-Fr 11-24 Uhr
Sa, Fei 16-24 Uhr
Küche: bis 23.30 Uhr

Ein bieriges Wirtshaus als Stadtheuriger in der Josefstadt mit Fondue als Spezialität.

WIEN IX

GASTHAUS WICKERL
Porzellangasse 24a
T 317 74 89
E gasthaus-wickerl@aon.at
W www.wickerl.com
geöffnet: Mo-Fr 9-24 Uhr, Sa 10-24 Uhr, Fei ab 17 Uhr
Küche: 11-24 Uhr

Wiener Beislkultur vom Feinsten: Erstklassige Hausmannskost, angenehmes Ambiente.

LEO
Servitengasse 14
T 319 77 63
W www.bin-im-leo.com
geöffnet: Mo-Fr 16-24 Uhr
Sa, So, Fei 12-24 Uhr
Küche: durchgehend bis 24Uhr

Vom Frühstück für Langschläfer bis zum Dinner für Spätschläfer: Im Leo ist man immer bestens versorgt.

STOMACH
Seegasse 26
T 310 20 99
geöffnet: Mi-Sa 16-24 Uhr
So 10-22 Uhr
Küche: Mi-Sa 18-23.30 Uhr
So 12-21.30 Uhr

Zauberhafter Innenhof, urige Gaststube und ein Speisen-Potpourri, das über den Wiener Küchentopf hinausreicht.

ZUM REBHUHN
Berggasse 24
T 319 50 58
W www.rebhuhn.at
geöffnet: Mo-Fr 11-24 Uhr, Sa/So/Fei 17-24 Uhr
Küche: Mo-Fr durchgehend bis 22.30 Uhr, Sa, So und Fei ab 17.30 Uhr

Eine Wirtin, die zurück zu Ihren Wurzeln fand und beweist, dass ein Beisl nicht nur Vergangenheit, sondern auch Zukunft haben kann.

ZUM REZNICEK
Reznickgasse 10
T 317 91 40
E reznicek@chello.at
geöffnet: So-Fr 12-24 Uhr
Küche: durchgehend bis 23 Uhr

Gehört zu den besten Beisln der Stadt. Jedes Gericht eine Augen- und Gaumenweide. Täglich geöffnet.

ZUR GOLDENEN KUGEL
Lazarettgasse 6
T 405 83 63
geöffnet: täglich 10-23 Uhr
Küche: durchgehend von
11.30-22 Uhr

Ein Geheimtipp, den jeder kennt. Dienstag: Innereientag; Freitag: Fischtag.

WIEN X

GASTHAUS AUERHAHN
Quellenstraße 91
T 604 31 98
geöffnet: Mo-Fr 7-22 Uhr
Sa, So 8-21 Uhr
Küche: durchgehend bis 21 Uhr

Hausmannskost zu günstigen Preisen: Dienstag ist Schnitzeltag, Donnerstag ist Schweinsbratentag.

GASTHAUS FABIAN
Columbusgasse 101
T 604 27 48
geöffnet: Di-Fr 9-23 Uhr
Sa 9-18 Uhr
Küche: durchgehend bis
21 bzw. 18 Uhr

Wiener Schmankerln, Hausmannskost und Tagesgerichte unter 4,- Euro.

GASTHAUS PÖTSCH
Favoritenstraße 61
T 602 01 91
geöffnet: Mo-Fr 10-22 Uhr
Sa 11-21 Uhr
durchgehend warme Küche

Seit drei Jahrzehnten traditionell gut, sehr familienfreundlich mit großer Speisenauswahl.

MEIXNER´S GASTWIRTSCHAFT
Buchengasse 64
T 604 27 10
E k.meixner@aon.at
W www.meixners-gastwirtschaft.at
geöffnet: täglich 11-23 Uhr
Küche: 11.30-22 Uhr

Wiener Küche auf höchstem Niveau – und das im beislarmen 10. Bezirk.

WIEN XI

BARBANEK
Fuchsröhrenstraße 13
T 749 21 18
geöffnet: Do-Mo 9-23 Uhr
Küche: 11.30-14 Uhr und
17-21 Uhr

Die lange Anreise wert: Ein Paradies für Freunde von Innereien. Aber auch das Martini-Gansl ist legendär.

GASTSTÄTTE PISTAUER
Ravelinstraße 3
T 767 25 10
E gaststaette@pistauer.at
W www.pistauer.at
geöffnet: täglich 9-23 Uhr
Küche: durchgehend bis
22 Uhr

Bekannt für seine kulinarischen Spezialitäten-Wochen wie Heringsschmaus, Spargel, Wild und Martinigansl.

SCHMID GASTWIRTSCHAFT
Simmeringer Hauptstraße 199
T 767 51 26
E schmid.wirt@chello.at
geöffnet: Mo/Di/Fr/Sa 9-22 Uhr, Mi/So/Fei 9-14 Uhr

Die Spezialitäten des Hauses: Fisch, Lamm, Schwammerln. Für große und kleine Esser richtig portioniert.

WEINHAUS HOCHMAYER
Simmeringer Hauptstraße 42
T 749 17 68
E hochmayer@aon.at
geöffnet: Di-Fr 8.30-21 Uhr,
Sa/So/Fei 8.30-13 Uhr
durchgehend warme Küche

Das ehemalige Pulkautaler Weinhaus ist als „Stehweinhalle" eine besondere, rare Spielart des Wiener Beisls.

WIEN XII

DAS STYRIA
Mandlgasse 20
T 961 08 66
geöffnet: Mo-Fr 11-22 Uhr
Sa, So 11-15 Uhr
Küche: 11-14.30, 17.30-22 Uhr

Im kulinarisch dünnbesiedelten 12. Bezirk eine erfreuliche Ausnahme: Steirisch-wienerischer Küchen-Mix.

GASTHAUS GAUNERSDORFER
Spittelbreitengasse 30
T 815 52 00
W www.gaunersdorfer.at
geöffnet: So-Fr 10-23 Uhr
Küche: durchgehend 11-21 Uhr

Familienbetrieb mit bodenständiger Wiener Küche und bekannt für seine kreativen Cordon Bleu-Variationen.

GASTHAUS STELZER
Pohlgasse 21
T 920 45 06
E gasthausstelzer@chello.at
geöffnet: Mo-Fr 9.30-24 Uhr,
Sa 10-20 Uhr
Küche: 11-22 Uhr bzw. 20 Uhr

Gutbürgerliche Wiener Küche zu günstigen Preisen und Mittagsmenüs unter 5,- Euro!

WIEN XIII

LINDWURM
Ghelengasse 44
T 879 77 04
W www.gasthaus-lindwurm.at
geöffnet: März-Nov. Sa-Do 10-23 Uhr, Dez. geschlossen, Jän./Feb. nur Sa/So geöffnet.
Küche: 10-22 Uhr

Oase im Grünen: Ausgezeichnetes Ausflugslokal für die ganze Familie.

GASTHAUS STEPHAN
Auhofstraße 224
T 877 24 02
E gasthaus.stephan@utanet.at
geöffnet: Mi-So 10-22 Uhr
durchgehend warme Küche

Große Bier- und Schnapsauswahl sowie ein ausgezeichnetes Sortiment an Produkten österreichischer Kleinkäsereien.

WALDTZEILE
Speisinger Straße 2
T 804 53 94
E waldtzeile@aon.at
geöffnet: täglich 10.30-24 Uhr
Küche: 11-22 Uhr

Eines der schönsten Wirtshäuser der Stadt mit einem wunderschönen, alten Kastaniengarten.

ZUM LUSTIGEN RADFAHRER
Rohrbacherstraße 21
T 877 87 39
geöffnet: Mo-Fr 9-22 Uhr
Küche: durchgehend bis 22Uhr

Österreichische Spezialitäten vom Steirischen Wurzelfleisch zu Kärntner Kasnudeln.

WIEN XIV

PRILISAUER
Linzer Straße 423
T 979 32 28
W www.prilisauer.at
geöffnet: Di 16-24 Uhr
Mi-Sa 10-24 Uhr, April-Okt.
So 10-24 Uhr, Nov.-März
10-16 Uhr
Küche: 11-22 Uhr

Typisches Alt-Wiener Gasthaus an der Endstation des 49ers mit Klassikern der Wiener Küche.

ZUM OCHSENKOPF
Karl Bekehrty-Straße 60
T 914 21 87
W www.hotel-ochsenkopf.at
geöffnet: Mo-Mi, Sa, So
7-23 Uhr
Küche: 10-21.30 Uhr

Berühmt für seine hausgemachten Schlachtessen: Jeden Dienstag und Mittwoch!

ZUM BLAUEN ESEL
Hadikgasse 40
T 895 51 27
W www.blauer-esel.at
geöffnet: Mo-Sa 18-1 Uhr,
Küche: bis 23 Uhr

Wunderschön renoviertes Alt-Wiener Gasthaus mit herrlichem Gastgarten und guter Küche.

WIEN XV

GASTHAUS QUELL
Reindorfgasse 19
T 893 24 07
geöffnet: Mo-Fr 11-24 Uhr
Küche: durchgehend bis
22.45 Uhr

Original & originell: Das Stammlokal von Kurt Ostbahn ist von ganz seltener Wiener Ursprünglichkeit.

HERZOG´S WIRTSHAUS
Sechshauser Straße 120
T 893 69 29
geöffnet: Mo-Fr 11-15 Uhr
und 18-23 Uhr
Küche: 12-14 Uhr und
18-22 Uhr

Perfekt verfeinerte, klassische Wiener Küche mit hoher Qualität und gutem Preis-Leistungs-verhältnis.

HOLLEREI
Hollergasse 9
T 892 33 56
W www.hollerei.at
geöffnet: Mo-Sa 11.30-15 Uhr
und 18-24 Uhr
Küche: bis 15 bzw. 22 Uhr

Ein gemütliches Wirtshaus und trotzdem gibt es keinen Schweinsbraten: Einer der ersten Vegetarier Wiens.

WIEN XVI

GELBMANN´S GASTSTUBE
Wilhelminenstraße 63
T 486 15 99
geöffnet: Di-Sa 10-23 Uhr
Küche: 11-22 Uhr

Eines der letzten Wirtshäuser in der Vorstadt, das seit Jahrzehnten gleichbleibend gute Küche kredenzt.

STARCHANT
Johann Staud-Straße 27
T 419 18 80
W www.gasthausstarchant.at
geöffnet: täglich 9-23 Uhr
durchgehend warme Küche

Bekannt und beliebt für seine böhmischen Schmankerln wie Znaimer Rostbraten oder Mährische Spatzen.

PLACHUTTA´S GRÜNSPAN

Ottakringer Straße 266
T 480 57 30
W www.gruenspan.at
geöffnet: täglich 10-0.30 Uhr
Küche: 11-23 Uhr

Schönes Bierlokal mit Gastgarten: Gute, bodenständige Küche von Krautfleckerln zum Kesselgulasch.

ZUM NIGGL

Rankgasse 36
T 493 19 06
W www.zumniggl.at
geöffnet: Do-Mo 10-15 Uhr und 17.30-24 Uhr
Küche: 12-14.30 Uhr und 18-22 Uhr

Bestes Beispiel für die neue, verfeinerte Wiener Küche. Spezialität des Hauses: Innereien.

WIEN XVII

ZUM HERKNER

Dornbacher Straße 123
T 485 43 86
E karlriedler@a1.net
geöffnet: Mo-Fr 11-22 Uhr
Küche: bis 22 Uhr

An der Endstation des 43ers gelegen, perfekte Einkehr, um den Gaumen zu erfreuen und die Gastfreundschaft zu genießen.

WIEN XVIII

MAYEREI IM TÜRKENSCHANZPARK

Hasenauerstraße 56
T 479 43 76
E josefmayer@aon.at
geöffnet: täglich 9-22 Uhr
Küche: durchgehend bis 21.30 Uhr

Die schöne Lage im Türkenschanzpark ist vor allem im Sommer ideal für Frühstück, Mittag-, Abendessen oder eine Wiener Jause.

NELLS GASTWIRTSCHAFT

Alsegger Straße 26
T 479 13 77
E office@nells.org
W www.nells.org
geöffnet: Mo-Sa 16-2 Uhr
So 11-2 Uhr
Küche: Mo-Sa 16-24 Uhr
So 11-24 Uhr

Kinder- und familienfreundlich, gemütliches Ambiente, feine Küche bis spät in die Nacht.

STEIRERSTÖCKL

Pötzleinsdorfer Straße 127
T 440 49 43
E steirerstoeckl@jagawirt.at
W www.steirerstoeckl.at
geöffnet: Mi-So 11.30-24 Uhr
Küche: durchgehend bis 22 Uhr

Im Grüngürtel und trotzdem noch in Stadt. Herrliche Lage, gute „Ausflugsküche".

WIEN XIX

ALT SIEVERING
Sieveringer Straße 63
T 320 58 88
E office@alt-sievering.at
W www.alt-sievering.at
geöffnet: Do-Mo, Fei 9-23 Uhr
durchgehend warme Küche

Neues Team im Alt Sievering. Gesunde Küche mit vielen vegetarischen und saisonalen Gerichten.

HÄUSERL AM STOAN
Höhenstraße/Zierleiteng. 42a
T 440 13 77
W www.amstoan.com
geöffnet: Mi-So 11-23 Uhr
Küche: durchgehend bis 21 Uhr

Romantisches Waldgasthaus mit deftiger Wiener Hausmannskost vom Apfelstrudel bis zum Zwiebelrostbraten.

ZUM RENNER
Nußdorfer Platz 4
T 378 58 58
E gastro@zum-renner.at
W www.zum-renner.at
geöffnet: Mo-Sa 9-22 Uhr
Küche: 11-22 Uhr

Originelles Vorstadt-Wirtshaus: Riesige Fleischportionen aus der hauseigenen Fleischhauerei.

ZUM SCHWAMMERL
Silbergasse 21
T 320 66 35
geöffnet: Mo-Fr 9-23 Uhr
Küche: 11-21 Uhr

Geheimtipp unter Wiener Wirtshauskennern. Spezialität sind Schwammerlgerichte.

WIEN XX

KOPP
Engerthstraße 104
T 330 43 92
W www.gasthaus-kopp.at
geöffnet: Mo 6-24 Uhr, Di 6-18 Uhr, Mi-So 6-2 Uhr, Küche: durchgehend

Herzhaft & herzlich: Küche, Service, Stimmung und Preise bilden ein harmonisches Ganzes.

WIEN XXI

STRANDGASTHAUS BIRNER
An der Oberen Alten Donau 47
T 271 53 36
E office@gasthausbirner.at
W www.gasthausbirner.at
geöffnet: Sommer: täglich von 9-23 Uhr, Winter: Do-Di von 9-22 Uhr
Küche: bis 23 Uhr bzw. 22 Uhr

Herrliche Lage an der Alten Donau. Forelle und Zander schmecken besonders gut.

WIEN XXII

DER STASTA
Lehmanngasse 11
T 865 97 88
E hotel@stasta.at
W www.stasta.at
geöffnet: Mo-Sa 7-23 Uhr
Küche: durchgehend von 10-22 Uhr

Über Liesing hinaus für seine Rindfleisch-Spezialitäten bekannt. Eigene Styria-Beef-Karte. Sehr gutes Weinsortiment.

TOURISMUSSCHULEN
DER WIRTSCHAFTSKAMMER WIEN

100 JAHRE TOURISMUSAUSBILDUNG IN WIEN

„Fit for the future"

– jungen, ambitionierten Menschen die Lust auf ihr berufliches Leben mitzugeben, ihnen Perspektiven und Chancen für eine Karriere im Tourismus zu eröffnen und ihnen dafür das erforderliche Know-how zu vermitteln – diesen Zielen haben wir uns in den Tourismusschulen MODUL verschrieben.

Unsere Aus- und Weiterbildungsprogramme:

- HÖHERE LEHRANSTALT FÜR TOURISMUS
- BILINGUALES KOLLEG FÜR TOURISMUS
- INTERNATIONAL COURSE IN HOTEL MANAGEMENT
- SERVICEPLATTFORM MODUL

Information:
www.modul.at

WIENER GLOSSARIUM

A

abschmalzen	mit erhitztem Schmalz übergießen
abschrecken	mit kaltem Wasser abgießen
Agrasl	Stachelbeere
anblasen	beschwipst
anbrennt	angebrannt
andippelt	betrunken
anflaschln	sich betrinken
angstraat	betrunken
anhiaseln	jemanden betrunken machen
anschwitzen	in heißem Fett kurz anrösten
antrenzen	sich bekleckern
Aschanti	Erdnuss
ausbanln	entbeinen, Knochen auslösen
auslassen	Speck anrösten, bis das Fett ausgebraten ist
auszuzeln	aussaugen

B

bacherlwarm	lauwarm
Bachhenderl	Backhuhn
Beiried	Rippen-, Rumpfstück
Beisl	Beize, kleines Wirtshaus
Beugl	Wiener Gebäckspezialität, mit Nüssen o. Mohn gefüllt.
Beuschel	Lunge und Herz
Bims	Brot
Blechamperl	Deckeltopf

Blunzn	Blutwurst
Blutzerkern	Kürbissamen
Bramburi	Kartoffel
Brimsen	Schafsweißkäse
brockn	pflücken
Brösel	Paniermehl
Bsuf	Trunkenbold
Buckel	Brotendstück
Bummerlsalat	knackiger Eisbergsalat
Burenhäudl	Burenwurst

D

Dampfel	in etwas erwärmter Milch aufgehende Hefe
Debreziner	intensiv gewürztes Würstchen
Doppler	Doppelliter Wein
Dulliöh	Rausch

E

Einbrenn	Mehlschwitze
eingspritzt	alkoholisiert
Eitrige	Käsekrainer – eine mit Käse gefüllte Wurst
Erdäpfel	Kartoffel

F

faschieren	durch den Fleischwolf drehen

Faschiertes	Hackfleisch
Feitl	Messer
Fensterschwitz	schwaches Bier
Fetzn	Scheuertuch
Fierant	Wanderhändler, Markthändler
fischln	nach Fisch riechen
Fisolen	grüne Bohnen
Flammóh	Hunger
Flaxn	Sehne
Flotte Lotte	Passiersieb
Frackerl	kleine Portionsflasche für Schnaps
Frissling	Vielfraß
Frittaten	fein geschnittene Pfannkuchen

G

Ganserlwein	Wasser
Germ	Hefe
Gifthüttn	Schnapsausschank
Gigerer	Pferdefleischhauer
Golasch	Gulasch
Golatsche	Plunderteigtäschchen
Grammeln	Grieben
Gratn	Fischgräte
Graupen	Rollgerste
Greißler	Lebensmittelkleinhändler

Griaspaperl	Grießbrei
Gschlader	schlechtschmeckende Flüssigkeit
Gspritzter	Achtel Wein mit Soda
Guglhupf	Napfkuchen

H

habern	essen
Häfen	Topf
Häferl	kleiner Topf, Tasse
Häferlgucker	neugieriger Feinschmecker
Hangerl	Küchentuch
hantich	herb, bitter, gallig
Harmonika	Brieftasche der Zahlkellner
Haße	beim Würstelstand – Frankfurter, Burenwurst
Hieferschwanzl	Fleisch aus der Hüftgegend des Rindes
Holler	Holunder

J

Jagatee	eine Art Grog
Jausen	Zwischenmahlzeit, Kaffee mit Mehlspeise

K

Kaffeedscherl	ein besonders guter Kaffee
Kaiserfleisch	fettes, geräuchertes Rippen- oder Bauchfleisch
Kalbsvögerl	Fleisch von der Kalbshaxe

Kapaun	junger Masthahn
Karkassen	Knochengerüst von Geflügel oder Gräten ohne Fischfleisch
Karfiol	Blumenkohl
Karree	Schweinsrippenstück
Kellerpartie	Ausflug, der mit einem Besuch in einem Winzerkeller endet.
Kipfler	Salatkartoffel
Knacker	abgepasste Extrawurst
Knödel	Kloß
Knöderl	kleine Klöße
Kohl	Wirsing
Kohlrabi	Kohlrübe
Kohlsprossen	Rosenkohl
Kracherl	Sodawasser mit Fruchtgeschmack
Kräutler	Gemüse- und Obsthändler
Kren	Meerrettich
Kretzerl	Mittelstrunk beim Kraut
Krüagl	Halbliter-Bierglas
Kruschplspitz	Rindfleischart
Kuchel	Küche
Kudlfleck	Kutteln
Kukeruz	Mais
Kügerl	Brustkern

L

Laberl	Laibchen

lala	leer
Lüngerl	Beuschl
Lumplstrudl	Lungenstrudel
Lungenbraten	Filet

M

Maroni	Esskastanie
Maut	Trinkgeld
Meláusch	Melange, Kaffee mit Milch
miachteln	schlecht riechen
Milchner	männlicher Fisch
Model	Backform
montieren	Sauce binden
Mulatság	wilde Feier auf Ungarisch
Mülli	Milch

N

Nagerl	Gewürznelken
Nockerl	Spätzle
Nudlwalker	Walze zur Herstellung von Nudelteig

O

Obstler	aus Obst hergestellter Schnaps
Ochsenschlepp	Ochsenschwanz

ohlassn	das Obers bei der Milch entfernen
Öl	betrunken sein (im Öl sein)

P
Palatschinken	Pfannkuchen
papperln	essen
Paradeiser	Tomaten
Pfaffnschnitzl	Gänsebrust
Pferscher	Pfirsich
Pignolikipferl	Mandelbäckerei
pipperln	trinken
Plätschen-tandlerin	Gemüsehändlerin
Plutzer	großes Tongefäß zum Einlegen
Pofesen	in Fett herausgebackene Weißbrotschnitten
Pogatscherln	kleine Kuchen mit Grammeln
Polsterzipf	eine Mehlspeise
Powidl	Pflaumenmus
Pumerantschn	Apfelsine, Orange

Q
Quargl	Topfenkäse in Scheiben
Quatl	Viertelliter
Quentl	kleine Menge

R

Rahm	saure Sahne
Radi	Rettich
Reibgerstl	Suppeneinlage aus Nudelteig
Rein	großer Kochtopf, Pfannenblech
resch	kross
Reschóo	Gasherd
Ribisel	Johannisbeere
Risipisi	Mischung aus Reis und Erbsen
Röhrn	Backrohr
rote Rübe	rote Bete

S

Salamander	Gerät mit Oberhitze zum Gratinieren
Saubohnen	dicke, große Bohnen
Scherzl	Brotrinde, Anschnitt
schlicken	essen
Schlosserbuam	Wiener Mehlspeise
Schlögel	Keule
Schmankerl	Leckerbissen
Schmarren	Mehlspeise oder auch geröstete Kartoffeln
Schniddling	Schnittlauch
Schöberl	Suppeneinlage
Schöpsernes	Hammelfleisch
Schwammerl	Pilze

Schwaf	Nachgeschmack des Weines
Schwartl	Bratenschwarte
Schweinsjungfer	Schweinefilet
Selchspeck	geräucherter Speck
Semmel	Weißgebäck, Brötchen
Semmelbrösel	Paniermehl
Siphon	Sodawasser-Druckgasflasche
Spagat	Bindfaden
Spanferkel	junges Milchschwein
Speis	Speisekammer
Stanizl	Tüte
Steigerl	Trage
Stelze	Unterschenkel vom Kalb und Schwein
Sterz	dicker Mehlbrei
Stiftl	Drittelliter Wein in einer kleinen Flasche
Stoppelgeld	… bezahlt man, wenn man eigenen Wein ins Gasthaus mitbringt
stoppeln	nach Kork riechen oder schmecken (bei Wein)
Sturm	Stadium des Traubensaftes zwischen Most und Wein

T

Tatsch	Fleck, nicht aufgegangener Teig
Tatschkerln	gefüllte Teigtaschen
Tazen	Tasse, Servierbrett

Tellerfleisch	gekochtes Rindfleisch
Topfen	Quark
tschechern	trinken

V,W,Z

Vogerlsalat	Feldsalat
Wadschunken	der untere Teil der Rindskeule
Waller	Wels
Wammerl	Bauchfleisch
Wampen	Bauch
Weckerl	Kleingebäck
Weckn	Brotlaib
Weichsel	Sauerkirsche
Weidling	große Schüssel
Weimberl	Rosine
Wurzelwerk	gelbe Rübe, Petersilie, Sellerie
Ziguri	Zichorie, Kaffeezusatz
Zwetschkenröster	Pflaumenkompott
Zuspeise	Beilage

QUELLENVERZEICHNIS

Andics, Hellmuth: Ende und Anfang. Wien 1975
Artmann, H. C.: Grammatik der Rosen, Salzburg-Wien 1979
Artmann, H. C.: Das Suchen nach dem gestrigen Tag oder Schnee auf einem heißen Brotwecken, Olten 1964
Auernheimer, Raoul: Wien – Bild und Schicksal, Wien 1938
Bauernfeld, Eduard von: Aus Alt- und Neu-Wien, Wien 1960
Bäumler, Susanne; Ottomeyer, Hans; Zischka, Ulrike (Hrsg.): Die anständige Lust. Von Esskultur und Tafelsitten, München 1993
Berzeviczy-Pallavicini, Federico von: Die k.u.k. Hofzuckerbäckerei Demel, Wien 1976
Brandstätter, Christian (Hrsg.): Das Wiener Kaffeehaus, mit einem einleitenden Essay von Hans Weigel, Wien-Zürich-München 1978
Brandstetter, Alois: So wahr ich Feuerbach heiße, Salzburg-Wien 1988
Cachée, Josef: Die k.u.k. Hofküche und Hoftafel, Wien-München 1985
Casanova, Giacomo: Geschichte meines Lebens, Mémoires, Berlin 1964-1967
Corti, Egon Caesar Conte: Vom Kind zum Kaiser. Kindheit und erste Jugend Kaiser Franz Josephs I., Graz-Salzburg-Wien 1950
Doderer, Heimito von: Die Strudlhofstiege, München 1951
Ehlert, Trude: Das Kochbuch des Mittelalters, Zürich-München 1990

Feldner, Fritz: Wiener Originale, Wien 1962
Frankowski, Hans; Prager, Franz: Erst wann´s aus wird sein …! Opus 117, Wien
Friedell, Egon: Kulturgeschichte, München 1989
Glaßbrenner, Adolf: Bilder und Träume aus Wien, Wien-Berlin-Leipzig-München 1922
Grobauer, Franz Joseph: Alt Wiener Palette, Selbstverlag 1953
Gürtler, Alexandra; Wagner, Christoph: Das neue Sacher-Kochbuch. Wien 2005
Handke, Peter: Das Gewicht der Welt – Ein Journal (November 1975 bis März 1977), Salzburg 1977
Heilmann, Werner: Die Freudenmädchen von Wien, Wien 1982
Hennings, Fred: Solange er lebt, Wien-München 1968-1971
Hornberg, Ulrike: Österreichs Küche, Wien 1989
Horowitz, Michael: Lebenslust – Essen und Trinken in Wien, Wien 1994
Horowitz, Michael: Das Goldene Wien, Wien 2005
Horowitz, Michael: Begegnung mit Heimito von Doderer, Wien 1983
Horowitz, Michael: Karl Kraus – Bildbiographie, Wien 1986
Horváth, Ödön von: Geschichten aus dem Wiener Wald, Frankfurt a. M. 1978
Jalkotzy, Alois: Verdorbene Jugend, Wien 1953
Kleindel, Walter: Österreich-Daten zur Geschichte und Kultur, Wien 1978

Kocensky, Josef: Dokumentation zur österreichischen Zeitgeschichte, Wien 1984
Kolleritsch, Alfred: Die grüne Seite, Salzburg 1974
Korinek, Karl: Der Onkel Julius, Wien 2005
Kraus, Karl: Sprüche und Widersprüche, Wien 1909
Kraus, Karl: Werke. 14 Bände und drei Supplementbände, München 1954-1970
Kudrnofsky, Wolfgang: Vom Dritten Reich zum Dritten Mann, Wien 1973
Kuh, Anton: Zeitgeist im Literatur-Café, Wien 1985
Leitich, Ann Tizia: Das süße Wien, Wien 1964
Leitich, Ann Tizia: Wiener Zuckerbäcker, Wien-München 1980
Mann, Thomas: Der Zauberberg, Frankfurt a. M. 1959
Mauthe, Jörg/Flora, Paul: Wien für Anfänger, Wien 1959
Nestroy, Johann: Der böse Geist Lumpazivagabundus, München 1983
Neuber, Wolf: Die k. u. k. Wiener Küche, Wien 1975
Nöstlinger, Christine: Mit zwei linken Kochlöffeln, Wien 1993
Oberzill, Gerhard: Ins Kaffeehaus!, Wien-München 1983
Pirchan, Emil: Unsterbliches Wien
Polgar, Alfred: Kleine Schriften, Reinbek/Hamburg 1983
Raimund, Ferdinand: Der Bauer als Millionär, Wien 1977
Rebiczek, Franz: Der Wiener Volks- und Bänkelgesang in den Jahren 1800 bis 1848, Wien-Leipzig 1948
Reischl, Friedrich: Wien zur Biedermeierzeit, Wien 1921
Roth, Joseph: Gesammelte Werke, Köln 1975-1984
Rühm, Gerhard: Gesammelte Gedichte und visuelle Texte, Reinbek bei Hamburg 1970

Salten, Felix: Wurstelprater, Wien-München-Zürich 1973
Schlögl, Friedrich: Wiener Luft, Wien 1985
Schnitzler, Arthur: Jugend in Wien. Eine Autobiographie, Wien-München-Zürich 1981
Schnitzler, Heinrich; Brandstätter, Christian; Urbach, Reinhard (Hrsg.): Arthur Schnitzler – Sein Leben und seine Zeit, Frankfurt a. M. 1981
Sinhuber, Bartel F.: Zu Gast im alten Wien, München 1989
Stifter, Adalbert: Der Hagestolz, Wien 1956
Teply, Karl: Die Einführung des Kaffees in Wien, Wien-München 1980
Torberg, Friedrich: Die Erben der Tante Jolesch, München 1978
Veigl, Hans: Lachen im Keller, Wien 1986
Wechsberg, Joseph: Wien 1967
Wehle, Peter: Sprechen Sie Wienerisch?, Wien 1980
Weinheber, Josef: Werke, Salzburg 1972
Wien Stadtchronik: 2000 Jahre in Daten, Dokumenten & Bildern, Wien-München 1987
Wildgans, Anton: Kirbisch, Wien 1953
Zweig, Stefan: Die Welt von gestern, Wien-Heidelberg 1968

IMPRESSUM

Dieses Buch ist eine Kooperation der Verlage

MHM – Michael Horowitz Media OEG
1190 Wien, Gregor Mendel-Straße 43
Telefon und Fax: +43(0)1/370 21 00
mhmedia@chello.at

&

AMALTHEA SIGNUM Verlag GmbH
1030 Wien, Am Heumarkt 19
Tel.: +43(0)1/712 35 60
Fax: +43(0)1/713 89 95
amalthea.verlag@amalthea.at

Art Director: Andrea Schraml

Fotos: Archiv Michael Horowitz, Feuerwehr Wagner, Oscar Horowitz, Österreichische Nationalbibliothek,
Fred Riedmann, Theresa Schrems, Schweizerhaus, Wien-Bibliothek im Rathaus, Wiener Volksliedwerk

Repro- und Lithografie: Pixelstorm Kostal & Schindler OEG, Würthgasse 14, A-1190 Wien

Druck: MKT PRINT d.d., Dunajska cesta 123, SI-1000 Ljubljana

Vertrieb: Mohr Morawa Buchvertrieb Ges.m.b.H., Sulzengasse 2, A-1230 Wien

Alle Rechte – auch die des auszugsweisen Abdrucks – sind vorbehalten.
Das Werk einschließlich aller seiner Teile ist urheberrechtlich geschützt.
Jede Verwertung ohne Zustimmung des Verlages ist unzulässig.
Dies gilt insbesondere für Vervielfältigungen, Übersetzungen,
Mikroverfilmungen sowie die Einspeicherung und Verarbeitung
in elektronischen Systemen.

Alle Zitate entsprechen der originalen, alten Rechtschreibung.

ISBN: 978-3-9501660-5-7
1. Auflage – Oktober 2007

MHM · AMALTHEA

Weil zufriedene Kunden für uns an erster Stelle stehen, steht die Vienna Insurance Group in vielen Ländern Zentral- und Osteuropas an vorderster Stelle.

Mehr Informationen unter www.wienerstaedtische.at

IHRE SORGEN MÖCHTEN WIR HABEN

DER AUTOR

MICHAEL HOROWITZ

1950 in Wien geboren. Journalist und Schriftsteller.
Biografien unter anderem über Heimito von Doderer,
Egon Erwin Kisch, Karl Kraus sowie Helmut Qualtinger,
Otto Schenk und H.C. Artmann. Zuletzt erschien
„Das Goldene Wien – eine ambivalente Liebeserklärung".
Prix de la jeunesse für das Drehbuch „Caracas"
bei den Filmfestspielen Cannes, 1989.
Chefredakteur des Kurier-Magazins Freizeit.

Danke.
Mario Dalbosco, Elfriede Fazekas, Karl-Jan Kolarik, Manfred Kostal, Christian Schindler,
Andrea Schraml, Theresa Schrems, Brigitte Sinhuber, Andrej Tement,
Helmut Touzimsky, Franz Wagner.

Und vor allem danke ich meiner Frau Angelika.